· 光明文丛系列 ·
Guangming Wencong series

U0583200

中国特色一流大学
教学质量保障有效性研究

赵 幸 ◎ 著

光明日报出版社

图书在版编目（CIP）数据

中国特色一流大学教学质量保障有效性研究 / 赵幸
著. -- 北京：光明日报出版社, 2024.7. -- ISBN 978-
7-5194-8114-8

Ⅰ. G649.29

中国国家版本馆CIP数据核字第2024WP7568号

中国特色一流大学教学质量保障有效性研究
ZHONGGUO TESE YILIU DAXUE JIAOXUE ZHILIANG BAOZHANG YOUXIAOXING YANJIU

著　　者：赵　幸			
责任编辑：郭玫君		责任校对：房　蓉	
装帧设计：谭　锴		责任印制：曹　诤	

出版发行：光明日报出版社

地　　址：北京市西城区永安路106号，100050

电　　话：010-63169890（咨询），010-63131930（邮购）

传　　真：010-63131930

网　　址：http://book.gmw.cn

E-mail：gmrbcbs@gmw.cn

法律顾问：北京市兰台律师事务所龚柳方律师

印　　刷：北京科普瑞印刷有限责任公司

装　　订：北京科普瑞印刷有限责任公司

本书如有破损、缺页、装订错误，请与本社联系调换

开　　本：170mm × 240mm

字　　数：250 千字　　　　　　　印　　张：17.75

版　　次：2024年7月第1版　　　　印　　次：2024年7月第1次印刷

书　　号：ISBN 978-7-5194-8114-8

定　　价：72.00元

版权所有　翻印必究

目 录
CONTENTS

第三章　我国一流大学教学质量保障的发展历程与现状

第四章　国外一流大学教学质量保障有效性比较分析

第五章　一流大学教学质量保障有效性影响因素分析

第六章　一流大学教学质量保障有效性评价指标建构

第七章　一流大学教学质量保障有效性模糊综合评价

第八章 由"共治"达"善治"：提升教学质量保障的有效性

第一章
绪　论

第一节

研究背景

当今世界高等教育进入了以"质量"为主的时代。"质量"不仅是大学获取声誉与赢得社会认可的关键因素，而且还是高等教育改革与发展的核心问题。20 世纪 80 年代以来，高等教育质量保障运动如雨后春笋般从西方各主要国家蔓延至世界各国。此后，各主要国家的政府和学术界都纷纷开启高等教育质量保障的理论研究与实践探索。与西方国家相比，我国高等教育质量保障在理论研究与实践探索方面虽起步相对较晚，但也取得了巨大的成就。纵观国内外高等教育发展历程，不难发现，高等教育质量保障研究基于一定的现实与理论背景。

一、高等教育规模扩张引起人们对高等教育质量的广泛关注

为满足二战后社会经济发展对各类专门人才的需求，适应高等教育的民主化浪潮，西方发达国家开始扩展高等教育规模。20 世纪 60—70 年代是高等教育发展的"黄金期"，世界各国的社会经济与高等教育都发生了巨大的变化。美国正是于这一时期从高等教育大众化阶段进入普及化阶段。而欧洲的一些发达国家则在这一时期快速进入了高等教育大众化阶段。高等教育规模的持续扩张给其带来了师资力量紧缺、教育经费紧张、教育设施不足、办学条件落后、教学质量下降等一系列问题，其中最为关键的是如何处理高等教育的规模与效益、数量与质量等问题。

20 世纪 80 年代，由于政府对高等教育领域实施财政预算紧缩政策，社会失业率居高不下，盛极一时的人力资本理论注重教育的投入与产出效益等，促

使高等教育及其质量问题受到了社会各界的高度重视。于是，西欧各主要国家开始关注如何提升高等教育质量，并在政府政策的推动下建立了高等教育质量保障体系。随后，这一体系快速传播到世界其他国家，成功地开启了高等教育质量保障的时代潮流。

20 世纪末，我国在政府主导下开始推行高等教育扩张政策。1998 年，教育部颁布的《面向 21 世纪教育振兴行动计划》指出，要到 2010 年实现高等教育规模扩张，高等教育毛入学率接近 15%。① 此后，全国普通高等学校招生人数大幅增加，1999 年招生人数为 159.68 万人，比 1998 年增加 51.32 万人，高等教育毛入学率为 10.5%。到 2002 年招生人数为 542.82 万人，比 1999 年增加 383.14 万人，高等教育毛入学率达到 15.0%，提前进入了大众化发展阶段。2015 年，我国高等教育招生人数为 737.85 万人，高等教育毛入学率达到 40.0%，我国已经进入高等教育大国的行列。②2019 年，我国高等教育毛入学率达到 51.6%，标志着我国高等教育已经进入普及化阶段。然而，高等教育规模的扩张并不意味着教育质量与效益的增长，反而激发了公众提升高等教育质量的诉求。③

由于高等教育规模不断扩张、市场经济持续发展、公民社会问责意识日渐高涨以及西方各国高等教育质量保障运动的影响等，我国高等教育质量问题也受到了社会各界的广泛关注。在此背景下，陈玉琨教授首次提出在我国建立"教育质量保障体系"的建议，开启了我国高等教育质量保障理论研究的大门。同时，我国政府还以评估为主要手段开展了一系列的质量保障实践活动。例如，原国家教委于 1992 年组织了中国大学四强排名，紧接着又分别开展了合格评估（1993 年）、优秀评估（1996 年）和随机评估（1999 年）。进入新世纪以来，教育部确立了以五年为一周期的覆盖全国高校的本科教学评估制度，并于 2003—

---

① 李立国.中国高等教育大众化发展模式的转变 [J].清华大学教育研究，2014(1):21.

② 以上数据是根据《中国教育统计年鉴》整理而来。

③ 赵辛，崔波.高校本科教学质量保障治理的逻辑基础与实现路径[J].上海教育评估研究，2022(1):17-21.

2008 年开展了第一轮本科教学工作水平评估。2009 年,教育部启动新一轮本科教学工作评估,首先开展的是针对新建院校的本科教学工作合格评估。2014 年,教育部针对已经通过本科教学工作合格评估的高校组织开展了本科教学工作审核评估。2017 年,教育部为规范师范专业建设,培养高素质教师队伍,推进教师教育质量保障体系建设,印发了《普通高等学校师范类专业认证实施办法(暂行)》。2021 年,为贯彻落实《深化新时代教育评价改革总体方案》,推进高校分类评价,提高高校本科人才培养质量,教育部印发了《普通高等学校本科教育教学审核评估实施方案(2021—2025 年)》。在我国,以评估为主的质量保障实践活动引起了巨大的社会反响,并促使学校确立了本科教学工作的核心地位。这既是评估工作走向常态化、制度化和自觉化的重要标志,又是高等教育质量保障体系趋于成熟的根本标志。[1]

二、高等教育国际化促使高等教育质量保障活动呈现新趋势

20 世纪 80 年代后期,经济全球化波及了社会生活的各个领域。教育领域也不例外,它必然伴随着经济全球化的发展而不断加快自身国际化的进程。随着高等教育国际化的不断推进,高等教育质量保障活动也逐渐成为高等教育国际化的重要表现形式,并呈现出以下新特点。

(一)国际性和区域性的高等教育质量保障组织纷纷呈现

国际组织为不断提高对高等教育质量重要性的认识,出台了一系列的质量保障政策与举措,以保障高等教育质量。其中,联合国教科文组织(UNESCO)、世界银行(IBRD)、经济合作与发展组织(OECD)、欧盟(EU)等国际组织致力于推动高等教育质量保障活动的国际化,并组织建立了一系列的国际性和区域性的质量

---

[1] 吴岩.构建中国特色高等教育质量保障体系[M].北京:教育科学出版社,2014:108-109.

保障机构，旨在推动国际高等教育质量保障体系的建设与完善。例如，较为常见的区域性的质量保障组织主要有：国际高等教育质量保证机构网络（INQAAHE）、欧洲高等教育质量保障协会（ENQA）、欧亚高等教育质量保障网络（EAQAN）、亚太地区教育质量保障组织（APQN）、阿拉伯国家质量保障网络组织（ANQAHE）、非洲高等教育质量保障网络组织（AfriQAN）等。[1][2] 这些质量保障机构开展大量的国际合作活动，推动了世界各地不同质量保障组织机构间的合作与交流。除此之外，各国也建立了各种形式的高等教育质量保障机构，对高等教育进行审核、认证、评估，以全面提升教育质量。例如，2004 年，我国成立的教育部高等教育教学评估中心（HEEC）就是国家层面实施质量保障活动的重要组织机构。

（二）高等教育质量保障活动的国际化与多样化发展

一方面，国际性和区域性质量保障组织机构定期举办相关国际学术会，为高等教育质量保障领域的相关理论研究者与实践工作者提供信息交流与经验分享的机会。例如，最具影响力的国际高等教育质量保证机构网络（INQAAHE）每两年会定期举行一次国际会议。另一方面，高等教育多样化的发展对高等教育质量保障活动提出了新要求。例如，跨国高等教育质量保障活动成为各国维护各自教育主权的重要共识。[3]2005 年，OECD 率先出台了《跨境高等教育质量保障指南》，旨在保护学生和其他利益相关者接受高质量高等教育的权利，并为其提供指导。此后，OECD 又陆续出台了《政府跨境高等教育质量条款指南》《质量保障认证机构跨境高等教育质量条款指南》《高等教

---

① 俞培果.跨国高等教育质量保障及其所面临的问题 [J].江苏高教，2011(3):10-13.

② 彼得·J.威尔斯，张建新.多元一体基因:高等教育质量保障的区域发展途径 [J].北京大学教育评论，2014(4):102.

③ 林梦泉，唐振福，杜志峰.国际高等教育质量保障热点问题和发展趋势——近年来高等教育质量保障机构网络组织 (INQAAHE) 会议综述 [J].中国高等教育，2013(1):60-62.

育机构跨境高等教育质量条款指南》等文件①，为规范和指导跨国高等教育质量保障活动提供了重要参考。随着"一带一路"倡议的深入推进，我国与"一带一路"沿线国家的教育交流与合作日渐深入，APQN作为亚太地区重要的区域质量保障组织机构成为响应和推进"一带一路"沿线国家高等教育合作的重要平台，并通过参与和推动国际组织教育政策、准则等，提升沿线国家高等教育质量、提高区域高等教育影响力和竞争力。

（三）国际质量保障组织规范和促进了高等质量保障实践

国际性和区域性质量保障组织在规范高等教育发展、推动高等教育改革实践方面发挥积极作用。这些组织主要是通过发布质量保障指南、开展质量保障组织评估等方式规范会员单位质量保障实践，提高质量保障的有效性。②以亚太地区教育质量保障组织（APQN）为例，该组织成立于2003年，目前有45个国家和地区的成员253个，其目的是致力于"提升亚太地区高等教育质量"和"打破边界，打造优质区域"③。APQN在完善质量保证机制、开展理论交流与实践分享、促进实质性合作等方面发挥了重要而独特的作用。欧洲高等教育质量保障协会（ENQA）主要是负责向政府、高校等质量保障机构传播高等教育质量评估和认证的经验、信息、范例以及最新发展趋势等。④当前，这些国际性和区域性的高等教育质量保障组织主要关注的是内外部质量保障机制、质量保障的跨境合作、质量保障的区域规范和合作框架、质量文化建设以及数字时代如何重建

---

① 陈新忠，李保忠.比较视域下高等教育质量保障的国际经验与启示—基于UNESCO、OECD、EU政策文本分析[J].现代教育管理，2021(1):113-120.

② 赵立莹.国际化背景下高等教育质量保障组织发展研究[M].北京:中国社会科学出版社，2016:225.

③ About Asia Pacific Quality Network (APQN) [EB/OL]. [2023-10-26]. https://www.apqn.org/

④ 陈新忠，李保忠.比较视域下高等教育质量保障的国际经验与启示—基于UNESCO、OECD、EU政策文本分析[J].现代教育管理，2021(1):113-120.

高等教育质量保障体系等内容。2022 年 11 月，OECD 发布了《高等教育数字化：新的质量标准、实践与支持》旨在关注如何将数字教育的质量保障嵌入高等教育质量保障框架中，提升各国政策制定者关注质量保障的数字适应等问题。[①]

三、"管办评分离"推动教育治理体系与治理能力现代化

党的十八届三中全会将"治理体系和治理能力现代化建设"提升到了国家战略发展的高度，有人称其为"国家的治理学说"[②]。在此背景下，全面推进高等教育领域的治理体系和治理能力现代化建设成为我国高等教育领域亟须解决的现实问题。

（一）"管办评分离"推动高等教育质量保障走向治理

"管办评分离"改革是高等教育管理体制改革的重要内容，它经历了由单向度的管理改革向管理与办学并行改革转变，再到"管办评分离"改革的华丽转身。2013 年 11 月 12 日，党的十八届三中全会审议通过的《中共中央关于全面深化改革若干重大问题的决定》提出要"深入推进管办评分离改革……完善学校内部治理结构"。2014 年，全国教育工作会议指出，要"加快推进教育治理体系和治理能力现代化"，就必须在遵循教育基本规律的基础上"深入推进管办评分离，构建政府、学校、社会之间的新型关系"[③]。2015 年 5 月，教育部颁布的《关于深入推进教育管办评分离促进政府职能转变的若干意见》，进一步明晰

---

① 唐科莉.数字时代重建高等教育质量保证体系 OECD 发布《数字高等教育：新的质量标准、实践与支持》[J].上海教育，2023(8):42-50.

② 瞿振元.建设中国特色高等教育治理体系推进治理能力现代化 [J].中国高教研究 2014(1):1-4.

③ 袁贵仁.深化教育领域综合改革加快推进教育治理体系和治理能力现代化——在 2014 年全国教育工作会议上的讲话 [EB/OL].(2014-02-16)[2023-06-21].http://www.gov.cn/gzdt/2014-02/16/content_2605760.htm.

了政府、大学、社会三大主体之间的权责边界，标志着"管办评分离"改革进入一个全新的发展时期。宏观层面的"管办评分离"实践是通过顶层制度设计来推动教育治理体系和治理能力的现代化建设。[①]"管办评分离"改革的本质是在治理框架下重构教育管理权，其前提是推进政府简政放权，核心是依法落实学校办学自主权，关键是鼓励社会多元主体参与监督与评价，其中"管"和"评"是要通过学校办学质量来实现的。只有这样，才能促使学校与政府和社会不同主体间形成权责明晰、相互制约、相互支持的关系。

高校在高等教育质量保障活动中的主体性日渐凸显。由于高等教育质量涉及不同主体的利益诉求，由政府主导开展的高等教育质量保障活动越来越具有政府、大学、社会等多元主体协同参与的发展趋势。换言之，高等教育质量保障活动正在从政府管理走向公共治理。从实践上看，公共治理是高等教育质量保障实践发展的必然需求。一方面，高等教育评估治理能为实现多元主体共同治理高等教育评估行为提供制度安排。我国高等教育评估从测量时代、描述时代、判断时代走向了重视多元价值诉求以及不同利益主体应答协商建构时代。在应答协商建构时代，高等教育评估的核心是倡导不同利益相关者（政府、大学、社会）多元参与，尊重他们的多元利益需求，促进不同利益相关者的协商与合作，这是"管办评分离"高等教育治理体系的重要组成部分。

另一方面，高等教育评估治理还能促使政府的教育评估行为从管理走向治理，促使政府教育评估内容"从对高校的行为管理走向利益治理"等。政府从公共治理理念出发，主要是通过下放教育管理权以及部分教育审批权、提供教育服务、定期发布国家教育质量报告、制定及审核教育教学质量国家标准、利用大数据技术等进行教育教学质量常态监测、鼓励社会专业性评估组织积极参与教育评估、改进与完善高等教育评估制度体系等形式对高等教育实施宏观管理。目前，我国已基本形成的"五位一体"高等教育评估制度体系包含了政府评估、社会评

---

① 郭立宏，姚聪莉.实施"一院一策"推进高校内部管办评分离改革[J]中国高等教育，2018(7):39.

估、院校评估、行业领域开展的评估与认证以及国际范围上的学科评估等不同的评估主体与评估形式。"五位一体"的高等教育评估制度体系体现了公共治理理念的四个核心要素，即"多方参与、协商合作、服务意识和教育开放"①。

（二）"管办评分离"推动高校本科教学质量保障走向治理

从微观层面看，"管办评分离"实践还要通过学校内部教育教学改革，落实其办学自主权，深化和完善大学内部治理结构来开展。②因此，可以预见大学内外部治理主体之间的关系会随着"管办评分离"改革而发生结构性变化——即大学治理主体朝着多元共治的方向发展。"管办评分离"改革是促进大学多元共治，推进大学治理现代化的关键环节。此外，大学治理的多元主体之间"因性质各异而存在，因职能分离而增效"③，这一特点又表明"管办评分离"的真正落实同样也离不开大学治理的理性支持。不难看出，"管办评分离"与大学治理之间具有内在一致性，它们互为前提，相互促进，共同发展。

"管办评分离"的高等教育治理体系也为我国大学内部的质量保障体系建设提供了全新的制度环境。④从实践层面看，"管办评分离"推动了大学内部的本科教学质量保障权力重心进一步下放。随着大学办学自主权的不断扩大，大学在教育质量保障中的主体责任也在不断落实。作为教育质量直接承担者，大学自身是促进其发展的核心内驱力，其中关键是要不断增强大学的办学自主性与积极性，提高其自我保障能力，建立健全其自我管理与自我约束的机制，以回应政府、社会公众等外部利益相关者的教育需求。正是这种与"问责相伴的自

---

① 吴岩.构建中国特色高等教育质量保障体系 [M].北京：教育科学出版社，2014(8).
② 郭立宏，姚聪莉.实施"一院一策"推进高校内部管办评分离改革 [J].中国高等教育，2018(7):39.
③ 周海涛.高等教育"管办评分离"的缘由与路径 [J].国家教育行政学院学报，2014(3):3.
④ 李国强."管办评分离"进程中的高校外部质量保障体系建设 [J].中国高教研究，2016(1):12-20.

主"，促使大学不得不主动发挥内部主体的积极性，构建完善的内部质量保障体系，并提高其成熟度。[①]外部质量保障活动的开展还有助于推动学校层面落实本科教学质量保障活动的"管办评分离"，即学校行政管理、学院办学、第三方机构评价相互分离，促进其朝着多元共治的方向发展。同时，大学治理的不断发展为本科教育质量保障变革提供了方向。要规范其内部的行政权力，并"尊重基层学术单位在质量保障方面的多样化选择"[②]。

四、新时代我国本科教育进入高质量发展的新阶段

（一）全面振兴本科教育是新时代高等教育发展的根本遵循

新时代，我国高等教育的主要矛盾已经转化为人民日益增长的高等教育高质量需要和高等教育不平衡不充分的发展之间的矛盾。因此，要不断提高高等教育发展质量和效益。2018 年 6 月 22 日，教育部在成都召开新时代全国高等学校本科教学工作会议，论坛上由 150 所高校联合发出了《一流本科教育宣言》（又称"成都宣言"）。该宣言明确指出"高教大计，以本为本；本科不牢，地动山摇；人才培养为本，本科教育是根"[③]。这充分说明，国家和高校对本科教育的重视，不仅将本科教育作为"双一流"建设的基础，而且还将其提升到了国家战略发展的层面。随后，教育部围绕"成都宣言"又陆续出台了一系列政策以加强一流本科教育建设。例如，2018 年 10 月，教育部出台了《关于加快建设高水平本科教育全面提高人才培养能力的意见》（简称"新时代高教 40 条"），

---

① 袁益民."管办评分离"改革与教育质量保障[J].高教发展与评估，2016(1):8-21.

② 苏永健.体制化的技术治理与中国高等教育质量保障[J].高等教育研究，2017(3):10-17.

③ 教育部.一流本科教育宣言（"成都宣言"）[EB/OL].(2018-06-29) [2023-6-21]http://www.moe.gov.cn/jyb_xwfb/xw_fbh/moe_2069/xwfbh_2018n/xwfb_20180622/sfcl/201806/t20180622_340649.html.

为全面振兴本科教育、提高人才培养质量指明了方向。2019 年，教育部又出台了《关于深化本科教育教学改革全面提高人才培养质量的意见》（简称"质量22 条"）。不难发现，全面振兴本科教育是提高高等教育质量的重要基础，本科教育强则高等教育强；建设世界一流的本科教育是高等教育的根本底色，是推动高等教育现代化的重要标志。[①] 当前，我国正处在建设高等教育强国、推动构建中国式现代化高等教育体系的关键发展期，应把本科教育放在人才培养的核心地位、教育教学的基础地位，狠抓落实本科教育工作。[②]

（二）教学质量之困促使一流大学不断完善内部质量保障体系

一流大学的本科教育经历了被置于边缘化到回归大学中心地位的发展历程。[③] 美国开创的"双层教育体制"是导致大学人才培养分化的开端，它促使研究生教育延续了传统大学精英式的人才培养模式，而本科教育则日益成为基础性的教育。从本质上来说，"双层制教育体制"的发展拉低了本科教育的地位，而不是对更高级人才培养模式的创新。[④] 在我国，由于高等教育规模的不断扩张、市场经济快速发展、新兴数字革命的冲击等原因，进一步加速了本科教育在一流大学中的边缘化。一流大学中仍存在研究与教学相分离、教学质量与学校声誉不相符、拔尖创新人才难以满足社会需求、教师教学投入不足、本科生学习质量不高、教学资源配置不合理等问题，这些问题成为一流大学本科教育边缘化面临的关键问题，严重制约了我国一流大学迈向世界一流的步伐。因此，一流大学在面临本科教学质量不断下降，且不能满足政府、市场、社会公众以及大学自身发展需求时，除了要接受外部政府的政策扶持之外，还应该积极主

---

① 别敦荣.新一轮普通高校本科教育教学审核评估方案的特点、特色和亮点[J].中国高教研究，2021(3):7-13.

② 范唯.全国普通高校本科教育教学质量报告 [M].北京:高等教育出版社，2021(6):4.

③ 贺国庆.美国研究型大学本科教育的百年变迁与省思 [J].教育研究，2016(9):106.

④ 周海燕.大学本科教学如何赢得尊重 [J].高校教育管理，2014(6):29.

动地构建行之有效的本科教学质量保障体系，以破解其本科教学质量的困境，进而促进学校的长远发展。只有这样，一流大学才能够主动承担其培养社会精英、引领社会发展的重要社会责任，并肩负起增强国家综合实力、提升国际竞争力的重大历史使命。

另一方面，虽然以政府行政控制为主的外部高等教育质量保障活动日渐理性化。但在实践活动中，以政府为主导的第一轮本科教学评估活动，存在着政府权力过于集中、评估标准相对单一、信息公开程度不高、社会公众参与度偏低等问题。这增加了高校内部质量保障活动的被动性，例如，高校为了获取更多的政府资源或者社会声誉会主动迎合外部质量保障的需求，或在高校内部简单的复制外部质量保障体系，再或者是听命和附属于外部质量保障等[①]。同时，它还不利于高等教育质量保障活动健康有序的发展，阻碍高校内部质量保障活动的多样化发展。

2013 年，教育部制定的《普通高等学校本科教学工作审核评估方案》，其工作重点任务之一就是对学校内部质量保障体系运行有效度进行考察。在总结上一轮审核评估经验的基础上，2021 年教育部又制定了《普通高等学校本科教育教学审核评估实施方案（2021—2025 年）》，在深化"五个度"总原则的同时，进一步指出要开展分类评估，第一类评估的重点是"考察建设世界一流大学所必备的质量保障能力及本科教育教学综合改革举措与成效"[②]。外部评估政策的颁布与完善，进一步推动一流大学反思并不断完善其内部质量保障体系。从根本上讲，一流大学内部本科教学质量保障体系的有效运行，不仅直接影响着它在高等教育质量保障中作用的发挥，而且还是制约高等教育治理体系与治理能力现代化的关键因素。

---

① 许晓东,赵卓."双一流"建设背景下我国高等教育质量保障的反思与重构[J].高等教育研究，2018（9）:26.

② 教育部.《普通高等学校本科教育教学审核评估实施方案（2021-2025 年）》[EB/OL].(2021-02-03)[2023-06-04].http://www.moe.gov.cn/srcsite/A11/s7057/202102/t20210205_512709.html?eqid=cf6f247b00022070000000003642e16eb

第二节

研究意义

目前，我国高等教育已经进入高质量发展阶段，对高等教育效果和有效性的评价也成为高等教育领域的重要议题。在深入推进高等教育治理体系和治理能力现代化建设的背景下，从治理视角对我国一流大学本科教学质量保障的有效性进行理论研究和实证分析具有重要的理论和现实意义。

一、理论意义

（一）深化对教学质量保障有效性研究的理论认识

目前，本科教育在一流大学中的核心地位已经成为学术界和社会公众关注的热点。本科教育教学质量直接决定着大学在"双一流"建设中的生存力与竞争力，是其进行"双一流"建设的重要根基。而健全有效的本科教学质量保障体系则是促进学校进行全面质量管理、提升学校人才培养质量，实现学校质量与效益协调发展的重要举措。[①] 本研究从治理理论出发，分析我国大学本科教学质量保障的治理特征，采用质性分析法分析教学质量保障有效性的影响因素。这不仅有助于深化对该主题的理性认识，进一步拓展本科教学质量保障的研究领域；同时，还有助于丰富本科教学质量保障研究的理论视角。

---

① 高桂桢. 高校内部本科教学质量保障体系的建设研究 [J]. 教育研究与实验，2009(7).

（二）推动一流大学形成多元共治的教学质量保障理念

本科教学质量保障的核心思想是以学校的"自治与自律"换取"自由和自主"，它需要通过学校内部的全面质量管理向政府、社会公众以及学校内部的成员证明其能够提供高质量的学校教育。换言之，本科教学质量保障是高校为提高教育教学质量进行自我保护的一项重要举措。本研究从治理视域审视一流大学教学质量保障有效运行的影响因素，探究质量保障有效运转过程中校、院、系、教师、学生等不同主体的权责利关系，明确不同主体的专业责任，有助于激发学校及其内部主体提升质量的自觉意识，在大学内部形成多元共治的教学质量保障理念。

二、实践意义

（一）为一流大学健全多元共治的教学质量保障体系提供参考

教学质量保障具有典型的"颗粒化"特征，其有效运行是质量目标与行动执行之间相互作用的过程，涉及质量保障的主体、质量保障的运行过程及其保障结果等问题。本研究通过对一流大学教学质量保障有效性进行综合评价发现，校、院、系在质量监控与反馈方面存在落实不到位的问题，并且微观层面教师和学生两大主体的参与程度也不高。因此，关注不同层面本科教学质量保障主体之间的权责分配及其在质量保障运行过程中发挥作用的程度，既有助于推动学校将保障权力下放二级学院，并在学校内部完善质量评价反馈与持续改进机制，又有助于调动全体师生员工的积极性，推动大学内部落实"管办评分离"，为建立健全多元共治的本科教学质量保障体系提供参考依据。

（二）推动一流大学建设追求卓越与创新的质量文化

在高等教育评估工作的推动下，我国一流大学已经建立了内部质量保障体系，并不断完善其内部的质量管理体系及其政策。在高等教育高质量发展阶段，对我国一流大学教学质量保障有效性进行综合评价，有助于明确高校自身的质量保障水平，扭转当前教学质量保障实践中的不良倾向，推动高校以质量文化建设为抓手，在全校范围内形成追求创新和卓越的质量文化氛围，不断完善和提升一流大学教学质量的保障能力。

第三节

研究综述

　　本研究是以大学治理为研究视角，研究本科教学质量保障的有效性。基于此，从教育质量保障与大学治理的关系、质量保障的有效性研究等方面对国内外相关研究进行梳理，以了解目前相关领域的研究现状与未来发展趋势，为后续研究奠定基础。

一、教育质量保障与治理的关系研究

　　党的十八届三中全会将"治理体系和治理能力现代化建设"提升到了国家战略发展的高度。因此，有必要对质量保障与治理之间的关系进行系统梳理。

（一）高等教育质量评估需要公共治理

　　高等教育评估是高等教育质量保障的重要组成部分。早期，根据质量保障存在的问题，国内外一些研究者从治理视角提出建构和完善质量保障运行体系的建议。例如，EI-Khawas（2001）提出了共享治理的若干原则，以此来明确政府的适当职责以及高校参与决策的形式。[①] 王凤春（2006）则以治理理论为基础，构建了质量保障体系的运行原则。李亚东（2017）从公共治理视域构建了中国

---

　　① EI-Khawas E. Who's in Charge of Quality? The Governance Issues in Quality Assurance [J].Teriary Education & Management, 2001,7(2):111-119.

特色的高等教育质量保障治理体系。[①] 目前，我国高等教育质量评估因为行政色彩浓厚、评估主体相对单一、评估形式缺乏多样性等问题而面临着合法性危机。这种合法性危机实质是传统的高等教育管理范式向公共治理范式转变的迫切需要。于是，有学者指出要对政府评估行为加以治理，并将公共治理作为寻求评估合法性的重要依据。[②] 一方面，高等教育评估治理能为实现多元主体共同治理高等教育评估行为提供制度安排[③]；另一方面，高等教育评估治理还能促使政府的教育评估行为从管理走向治理，促使政府教育评估内容"从对高校的行为管理走向利益治理"等。[④] 因此，他们主张把评估置于公共治理框架内，促使其成为公共治理的重要组成部分。

（二）本科教学质量保障与大学治理研究

目前，我国高等教育领域正在开展的"管办评分离"改革，这进一步推动了高等教育由"管理"走向"治理"。同样地，"管办评分离"的高等教育治理体系也为我国大学内部的质量保障体系建设提供了全新的制度环境。[⑤] 随着大学办学自主权的不断扩大，大学在教育质量保障中的主体责任也进一步落实。作为教育质量直接承担者的大学，通过构建内部质量保障体系对政府、社会公众等外部利益相关者的教育需求进行回应。正是这种与"问责相伴的自主"，促使大学不得不主动发挥内部主体的积极性，构建完善的内部质量保障体系，并提高其成熟度。[⑥]

---

① 李亚东.质量保障：从管治到治理 中国特色高等教育质量保障治理体系研究[M].上海：学林出版社，2017.

② 杨菊仙，廖湘阳.基于公共治理的高等教育评估研究 [J].高教探索，2008(4).

③ 钟国华.论高等教育评估的治理理念 [J].高教发展与评估，2007(6).

④ 钟国华.论高等教育评估的治理理念 [J].高教发展与评估，2007(6).

⑤ 李国强."管办评分离"进程中的高校外部质量保障体系建设 [J].中国高教研究，2016(1).

⑥ 袁益民."管办评分离"改革与教育质量保障 [J].高教发展与评估，2016(1).

国内研究者也尝试从大学治理视角，对本科教学质量保障进行研究。易臣何、刘巨钦（2008）以独立学院的本科教育质量保障为例，从治理主体多元性、治理手段多样性以及善治目标三个方面，系统论述了本科教育质量保障机制与大学治理理论的"逻辑契合性"，并以此提出了不同类型的独立院校本科教育质量保障治理模型。① 于杨（2012）对大学治理结构与教育质量保障机制之间的相互关系进行了深入探讨，指出大学治理结构为质量保障体系提供了"路径依据与权力支持"，质量保障体系则能够主动选择与其自身相适应的大学治理结构。② 苏永健（2017）认为，大学内部治理结构改革决定了质量保障制度变革的深度，因此他提出作为质量保障主体的大学，要规范其内部的行政权力，并"尊重基层学术单位在质量保障方面的多样化选择"③。

前文所述，既有研究从理论上对教育质量保障与治理之间的理论契合性进行了分析，同时，也关注到了大学内部的本科教学质量保障权力重心进一步下放等问题。但是，鲜有研究者从治理视域分析本科教学质量保障的有效性。

二、教育质量保障的有效性研究

本研究要探究本科教学质量保障是否有效这一现实问题，因此需要借鉴已有关于有效性的相关研究。具体而言，将从高等教育评估的有效性和本科教学质量保障的有效性两大方面进行文献梳理。

（一）高等教育评估的有效性研究

研究者对评估的有效性持有不同的观点，一种观点认为评估结果实现其预

---

① 易臣何, 刘巨钦. 基于治理理论的独立学院教育质量保障机制研究 [J]. 教育科学, 2008(2).

② 于杨. 大学治理结构与教育质量保障机制关系探讨 [J]. 江苏高教, 2012(1).

③ 苏永健. 体制化的技术治理与中国高等教育质量保障 [J]. 高等教育研究, 2017(3).

期目标的程度即是评估的有效性，这反映了评估有效性与其目标的密切相关性。另一种观点则认为评估有效性是指"评估体系产生效果的能力及评估目标的实现情况"。[①] 基于这一观点，周光礼等学者从社会问责视角分析了高等教育评估的有效性，并认为有效性是利益相关者通过商谈与沟通取得共识，促使原有建构形成一种新建构的过程。这既肯定了评估目标的重要性，又强调了有效性的建构过程。还有一种观点认为评估有效性与有效评估关系密切，而有效评估则是与评估质量及其影响力密切相关的。[②] 换言之，就是从有效评估和评估质量等维度研究评估的有效性。

由于评估是质量保障的重要手段，于是一些学者则从外部评估或者认证的角度对其有效性进行研究。例如，Donaldson 等人（2002）的研究表明，被评估对象的心理焦虑因素是影响评估有效性的重要因素之一。[③]Roland（2011）从组织有效性的视角探究学校自我认证过程对学校满足外部认证标准有效性的影响。[④]Shah（2013）的研究表明，内外部质量保障的相互结合能提升大学质量保障的有效性。[⑤]Sodhi（2016）从认知的角度研究遵从外部认证过程的质量标准对加利福尼亚地区社区学院有效性的影响。[⑥]Banta 提倡一种全面的积极参与的

---

① 周光礼. 高等教育质量评估体系的有效性：中国的问题与对策 [J]. 复旦教育论坛，2012(2):10-14.

② 赵立莹. 有效性诉求：美国教育评估研究发展的内在动力 [J]. 大学（研究与评价），2009(1):58-62.

③ Donaldson S I, Googler L E, Scriven M. Strategies for managing evaluation anxiety: toward a psychology of program evaluation[J].American Journal of Evaluation, 2002，23(3):261-273.

④ Roland T L. An Exploration of the Accreditation Self-Study Process from the Perspectives of Organizational Effectiveness [D]. California: Pepperdine University, 2011.

⑤ Shah M. The effectiveness of external quality audits: a study of Australian universities [J]. Quality in Higher Education, 2013, 19(3):358-375.

⑥ Sodhi R. Accrediting Processes and Institutional Effectiveness at a California Community College [D]. Minnesota: Walden University, 2016.

有效评估理念，并对规划、执行、提高和坚持四个阶段的有效评估所应具备的特质进行了详细的描述。美国高等教育认证委员会（1997）介绍了有效评估的九条基本原则，主要有"机构内部员工广泛参与""评估持续进行""教育者能够通过评估满足学生及社会公众的需求"等。

由周光礼教授主持的课题"社会问责视野中的我国高等教育质量评估体系有效性研究"较为全面系统地研究了我国高等教育评估体系有效性的问题。周光礼教授（2012）认为，可以通过建立社会问责机制或者是构建以学生学业为主的质量评估体系，来提高本科教学评估体系的有效性。张慧洁等（2009）则对我国第一轮本科教学评估反馈的有效性进行了研究，并从评估方式、制度建设、评价指标、评估权力下放等方面提出了提升评估反馈有效性的建议。[①] 我国学者赵立莹（2009）对美国教育评估有效性研究进行了系统的梳理，她认为，要以追求有效性作为评估不懈发展的动力，就需要从基本问题出发，通过"实证研究和元评估"等方法判断评估的有效性。因为实证研究可以避免有效性评价存在的主观性问题，而元评估则能够向公众提供关于"评估专业化、制度化建设的共同利益诉求"[②]。

总体而言，国外研究者重视外部认证对大学组织机构有效性的影响。而我国研究者则相对重视对评估体系本身是否有效的研究，并提出相应的改善方法。

（二）本科教学质量保障的有效性研究

国内外研究者从不同的维度对本科教学质量保障的有效性进行了如下研究。

其一，质量保障有效性的特点、影响因素研究。例如，Baker（2002）认为，学生学习结果能在不同程度上反映教育机构的核心特征，可以作为衡量质量保

---

① 张慧洁，薛震.我国第一轮本科教育评估反馈的有效性分析 [J]. 高教探索，2009(2).

② 赵立莹.有效性诉求：美国教育评估研究发展的内在动力 [J]. 大学（研究与评价），2009(1):58-62.

障有效性的标准。[①]Kis（2005）从质量目标、内外部质量保障的有效链接等七大方面指出了有效质量保障体系的特点。[②] 熊志翔（2011）认为，大学内部质量保障机制的有效性主要表现为目标、主体、过程等方面的有效性。[③] 陈凡（2016）从质量保障对学校、教学和学生学习以及管理三个方面的贡献来考察其实际效果。[④] 还有学者则从质量保障体系本身、质量保障执行过程、监控过程等方面分析质量保障的有效性。

其二，提升质量保障有效性的主要路径研究。例如，王迎军（2008）认为，要从条件输入、课程监控、反馈评价等方面完善研究型大学本科教学质量保障模式，提升其有效性。[⑤] 熊志翔（2012）指出要从质量保障的目标矫正、利益平衡、环境优化三大方面提升大学内部质量保障机制的有效性。[⑥] 龙春阳（2015）在对英美国家高等教育质量保障政策有效性考察的基础上，提出了要从政策立法、质量文化建设、内外部质量保障互动、多元主体广泛参与等方面提升我国高等教育质量保障政策的有效性。Lillis（2012）则运用社会评估项目的方法构建评估模型来研究高等教育质量保障的有效性。[⑦]Pollitt 等人（2004）指出，可

---

① Baker R L. Evaluating Quality and Effectiveness: Regional Accreditation Principles and Practices [J]. Journal of Academic Librarianship, 2002, 28(1):3-7.

② Kis V. Quality Assurance in Tertiary Education: Current Practices in OECD Countries and a Literature Review on Potential Effects [J]. [OECD], 2005:27.

③ 熊志翔. 本科院校内部质量保障机制研究 [D]. 武汉：华中科技大学，2011.

④ 陈凡. 高校内部质量保障：作用和成效——基于联合国教科文组织"IQA项目"案例的实证分析 [J]. 中国高教研究，2016(9):23-28.

⑤ 王迎军. 问题、变革与展望——研究型大学本科教学质量保证研究 [J]. 高等工程教育研究，2008(5):1-7.

⑥ 熊志翔. 大学内部质量保障机制的偏差与调适 [J]. 佛山科学技术学院学报(社会科学版)，2012(6):1-7.

⑦ Lillis D. Systematically Evaluating the Effectiveness of Quality Assurance Programmes in Leading to Improvements in Institutional Performance [J]. Quality in Higher Education, 2012, 18(1):59-73.

以从操作、过程、容纳①、意识形态四个方面考察有效的结果是否是由质量保障引起的。②

综上所述，既有研究对质量保障的有效运行之于院校自我发展的重要性形成了一致共识。从动态和静态两个维度分析了质量保障体系有效性的特点和影响因素，并肯定了学生学习结果作为衡量有效性标准的重要性。同时，研究者指出要从质量保障主体、保障过程、保障结果等方面提升质量保障的有效性。还有研究者在研究方法上进行了创新。但是，我国大学内部本科教学质量保障有效性的研究偏重于理论层面的分析，实证研究相对偏少，值得我们进一步探究。

三、研究述评

通过对上述主题的文献梳理，我们基本了解了相关学术研究的发展概况。为全面深入地把握本研究的核心问题，有必要对上述研究的理论精华与成功经验进行总结与借鉴。

本科教学质量保障体系是一项复杂的系统工程，对其进行研究的关键是要抓住影响教学质量的关键要素与关键环节。由于理论基础与研究视角的多样性，研究者对本科教学质量保障体系构成要素的研究也存在差异性。总体来说，研究者认识到了教师、学生、管理者三大利益主体参与质量保障活动的重要性，并提出从质量保障主体、保障过程等关键环节提升质量保障的有效性。大学治理与本科教学质量保障体系之间具有内在联系，两者之间具有内在的逻辑一致性，这种一致性主要体现在其目标、过程、主体等方面。大学治理结构为质量

---

① 注释：容纳结果主要表现在结构和文化方面，强调组织的灵活性。

② Lillis D. Systematically Evaluating the Effectiveness of Quality Assurance Programmes in Leading to Improvements in Institutional Performance [J]. Quality in Higher Education, 2012, 18(1):59-73.

保障体系提供了"路径依据与权力支持",质量保障体系则能够主动选择与其自身相适应的大学治理结构。关于质量保障的有效性研究则集中在有效性的特点、影响因素与提升路径等方面。

现有研究成果较为丰富和深刻,为本研究的开展奠定了基础。但是,相关研究仍有进一步拓展的空间:对本科教学质量保障的研究偏重于宏观和微观,忽略了对中观层面的系统研究。就宏观层面而言,主要集中在如何构建质量保障体系、构建的基本原则、质量保障体系的系统构成分析等方面。微观而言,更多的是从课堂教学、学生评教等方面研究本科教学质量保障。相对而言,研究者对本科教学质量保障的运行过程以及不同利益主体如何参与质量保障活动并发挥作用等研究不够深入;另一方面,对质量保障有效性的研究多以理论分析为主,实证分析则相对较少。

鉴于此,本研究将从本科教学质量保障活动的目标是否明确、质量保障活动的过程及其结果能够实现其规定目标的程度,以及质量保障活动是否会有额外提升等方面全面系统地把握本科教学质量保障有效性的内涵。系统阐述本科教学质量保障与大学治理(共同治理)之间的关系及其主要特征。然后,在分析影响质量保障有效性关键因素的基础上,对本科教学质量保障体系的结构要素、利益主体及其管理运行等问题进行研究。最后,我们应将有效性作为判断本科教学质量保障共同治理结果与距离善治程度的重要依据,以此确立影响本科教学质量保障共同治理有效性的评价标准,并运用模糊综合评价法对一流大学本科教学质量保障共治结果进行评价,以期为高校不断提升教学质量保障能力提供参考。

第四节

研究设计

一、研究思路

习近平总书记指出："办好我国高校，办出世界一流大学，必须牢牢抓住全面提高人才培养能力这个核心点，并以此来带动高校其他工作。"一流的本科教学是一流大学的基础，科学规范、系统完备、运行良好的教学质量保障体系则是提升人才培养质量的关键。然而，当前我国一流大学拔尖创新人才培养的规模、结构和质量等仍不适应新发展阶段的总体要求。这迫切要求我们转变质量保障理念、创新质量保障方式、提升质量保障能力，"建立健全中国特色、世界水平的本科教育教学质量保障体系"，以全面提升一流大学的人才自主培养能力。

基于此，本研究遵循"提出问题—分析问题—解决问题"的逻辑对我国一流大学教学质量保障的有效性进行分析。本研究紧扣本科教育教学改革主线，梳理我国一流大学教学质量保障的发展历程与现状，总结其主要特征与发展趋势，借鉴国外一流大学教学质量保障建设的有益经验，分析和解构一流大学教学质量保障有效性的影响因素，从共同治理视角构建教学质量保障有效性的评价指标体系，选取典型案例并对其教学质量保障有效性进行模糊综合评价，从共治生善意、共治促善为、共治出善者、共治求善态四个方面提出提升教学质量保障有效性的优化路径。主要研究内容如下。

第一章绪论部分主要是阐明研究中国特色一流大学教学质量保障有效性的缘由、目标和意义，通过系统的文献梳理明确当前研究的现状与趋势，确定本研究的切入点，对研究整体进行系统设计。

第二章主要是通过概念界定确定研究问题的边界。然后，系统梳理其理论基础，并从教学质量保障理念的整体性、保障目标的公共性、保障主体的共同参与性、保障过程的互动协商性论证本科教学质量保障与共同治理的理论契合性，明确本科教学质量保障治理本身所具有的价值意义与合法性。

第三章是基于历史与现实双重视角，分析中国特色一流大学教学质量保障的历史演进、发展现状与主要特征。在对其发展历史梳理的基础上，从质量保障理念、质量标准、质量保障机制、质量文化、质量保障效果五个方面分析了质量保障现状与主要特征。

第四章是基于比较视角的经验借鉴，对英、法、美三个国家的一流大学教学质量保障进行比较分析，发现其共同之处有：质量保障源自大学自治、利益主体能积极参与其中、立法干预成为趋势、质量保障结果与拨款相关。不同之处主要体现在质量保障目的、方式、组织与制度建设。比较结果有助于我国从平衡内外部质量保障关系、肯定师生在质量保障中的主体地位、形成质量文化氛围三个方面丰富和完善内部质量保障建设。

第五章是一流大学教学质量保障有效性的影响因素分析。本章主要是对一流大学的《审核评估报告》和《本科教学质量报告》进行质性分析，自下而上梳理了质量保障有效性的五大因素分别是目标决策要素、资源支持要素、运行管理要素、主体参与要素、产出保障要素。基于此，构建了本科教学质量保障有效性的共同治理模型，该模型涉及质量保障的治理目标、治理主体、治理方式、治理结果四大要素。然后，统论述了"共治""有效性""善治"三者之间的关系，并将有效性作为衡量本科教学质量保障共同治理结果距离善治程度的重要依据，即本科教学质量保障共同治理的有效性越高其距离善治的程度越高。

第六章是一流大学教学质量保障有效性评价指标的建构。为保证评价指标的全面性与客观性，本章对质性分析结果进行定量分析，采用探索性因子分析法，对教学质量保障有效性影响因素评价指标进行客观筛选，并赋予其权重。然后，从理论上对选取的指标体系内涵进行阐释，为下文有效性的模糊综合评价奠定基础。

第七章是基于案例分析的有效性综合评价应用研究。本章选取一所一流大学作为个案，对其教学质量保障有效性进行模糊综合评价，并对案例大学有效性模糊综合评价结果、《审核评估报告》中专家的定性评价结果进行多维分析，有助于从不同维度分析质量保障有效性评价结果与原因。

第八章是由"共治"达"善治"提升质量保障有效性。本章从本科教学质量保障共同治理视域提出提升质量保障有效性的优化路径。"共治"生"善意"，提高质量保障目标的公共性；"共治"促"善为"，落实大学内部管办评分离；"共治"出"善者"，协调保障主体间的利益分配；"共治"求"善态"，完善结果的反馈与改进机制。根据以上研究内容制定了技术路线图，见图1-1。

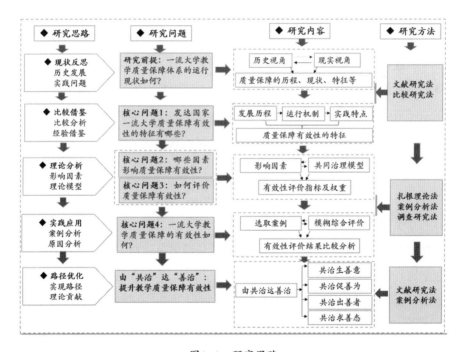

图1-1 研究思路

二、研究方法

教育研究方法是遵循相应的研究程序，解释研究对象内在关系与规律的科学的方法或手段。根据研究内容，本研究主要采用了如下几种方法。

（一）文献研究法

本研究通过系统梳理国内外有关一流大学本科教学质量保障、有效性、治理等主题相关文献，并对收集到的文献进行整理、归纳、分析，以确定本科教学质量保障有效性的内涵特征、边界范围等相关问题，为后续研究奠定基础。

（二）比较研究法

比较研究法是通过对一组相关事物的异同之处进行比较分析，进而认识乃至探究事物规律的一种研究方法。比较研究法是与分析、综合等活动交织在一起的一种思维活动，它对人们客观认识事物之间的相互关系，并深入探究事物发展规律具有十分重要的意义。本研究主要是对英国、法国、美国三个国家的本科教学质量保障发展历程、有效运行机制与实践特点等进行比较分析，力图揭示不同国家质量保障发展的共同规律与特殊性，深入系统地把握本科教学质量保障有效运行的本质规律与发展趋势，以期为研究我国教学质量保障有效性提供参考。

（三）扎根理论法

扎根理论是一种质性分析方法，它主要是通过自下而上的归纳方法对经验的数据进行编码，然后对编码数据进行反复比较与不断分析，从中提炼出核心概念与范畴。常见的是三级编码形式，即开放式编码、主轴式编码和选择式编码。本研究要通过自下而上的三级编码方式，并借助一定的质性分析工具对影响本科教学质量保障有效性的因素进行归纳与提炼，进而从治理视域分析教学质量保障有效性。

（四）调查研究法

采用整群抽样方法针对质性分析梳理的有效性影响因素进行问卷调查，主要调查对象是一流大学的教师、管理者、学生等主体；然后，采用探索性因子分析法，确定有效性的评价指标并进行客观赋权，为后文案例分析开展综合评价奠定基础。

（五）案例分析法

选择一所代表性大学作为案例，采用模糊综合评价法等系统探究一流大学教学质量保障的有效性，通过对案例学校的相关文本分析等多方进一步验证评价结论的合理性，从共同治理维度提出提升本科教学质量保障有效性的对策。

第五节

本章小结

本章首先从高等教育规模扩张、高等教育国际化、"管办评分离"以及一流大学本科教学质量之困等方面系统分析了一流大学本科教学质量保障的现实背景，并基于此提出了核心研究问题。接着，从理论和实践层面分析了本研究的重要意义，并从"本科教育质量保障与治理的关系研究""教育质量保障的有效性研究"两个方面进行了文献梳理，以把握当前研究议题的研究现状与发展趋势。最后，明确了本研究的主要研究思路以及开展研究所采用的方法。

第二章
概念界定与理论基础

第一节

概念界定

概念界定是确定研究问题边界的基本依据，通过概念界定有助于清晰地认识本科教学质量保障有效性的内涵与本质。而这些众多的概念或者概念体系又能为进一步理清质量保障有效性的相关理论、深入开展本科教学质量保障理论研究提供基础。因此，首先要对研究问题的概念进行界定，以便在此后的研究中能够保持相对的统一性。然后，对影响本科教学质量保障的相关理论基础进行分析，弄清楚相关理论的核心思想及其理论适用性。

一、相关概念界定

（一）中国特色一流大学的内涵

虽然世界一流大学的重要地位已经得到了国家、社会以及学术界的一致认可，但是对世界一流大学概念的界定及其遴选标准尚未达成一致共识。张应强指出，西方学者主要是"立足西方大学的大学自治和学术自由传统、大学对人类知识的贡献、大学的普遍性知识理性、人才培养的超国家标准"等描述世界一流大学的特征。[①] 刘念才通过构建一流大学评价指标来明确一流大学的含义。Altbach 认为"卓越的研究、学术自由和激励的氛围"是一流大学必不可少的要素，同时他还指出一流大学要扎根于其所在社会。Salmi 指出，世界一流研究型

---

① 张应强.中国特色、世界一流大学的发展模式和时代使命 [J].清华大学教育研究，2022(4):1-10.

大学应具备："高水平的学者和学生、大量的预算、战略眼光和领导才能"。在高等教育环境中，大学排名是衡量质量和优秀程度的一个隐含措施。然而，排名往往包含主观的措施，有其自身的局限性和偏见。Easley 等人的研究发现美国公立高等教育机构的高层管理者对影响高等教育质量的因素依次为：毕业与留任情况、本领域具有终端学位的专任教师比例、雇主声誉、师生比和科研支出。[①] 这与世界各大学排行榜所关注的因素有一定的差异性，引发大学排名是否能代表大学的卓越和质量的深层思考。

从实践层面看，国内外的一些机构组织开展了世界一流大学排名活动，一般是采用多指标进行综合评价。其中，国内外学界广泛熟知的大学排名有如下几个：2003 年，上海交通大学高教研究所发布了世界首个全球大学排名——世界大学学术排名（现称"软科世界大学学术排名"）。英国国际教育咨询公司发布的 QS 世界大学排名，英国《泰晤士高等教育》发布的泰晤士世界大学排名，美国《美国新闻与世界报道》发布的 US News 世界大学排名等世界大学排行榜。这些大学排行榜的出现，使原本模糊化的世界一流大学有了相对清晰的标准。

上述概念界定或者分类评价都有其科学性与合理性。根据国内外知名学者的分析可知，中国特色一流大学也具有一些共性特征，其特征主要表现为：学科门类齐全并且具有一定的优势学科；具有较高的学术声誉；能吸引优质的生源；致力于培养担当民族复兴大任的时代新人，且研究生培养占据一定的比例；毕业生质量高；具有高水平的师资队伍；能吸纳充足的经费；履行高水平科技自立自强的使命担当。

---

① Jennifer Easley, et al. Perceived quality factors in higher education[J]. Quality in Higher Education，2021(3):306-323.

（二）质量与教学质量的内涵

1. 质量的内涵

《辞海》中有关质量的释义为"产品或工作优劣的程度"。[①] 这说明，质量是人们对事物内在属性的量度，是衡量事物是否达到目标的标准。"质量"这一概念最早是从工商业领域引入高等教育领域的。在高等教育大众化背景下，"质量"[②]成为制约高等教育发展的根本问题。李·哈维指出，要理解高等教育质量保证的发展，其前提是要深入探究质量的概念及其与保证的关系，具体来说，质量的起源和演变历史，以及它是如何适应广泛的社会经济结构的。[③]纵观国内外研究，我们发现高等教育质量观具有多样性、多维性和动态性，不同国家、不同学者在不同时期对高等教育质量的看法各不相同。概括起来，高等教育质量观主要有如下几类，见表2-1。

表2-1 高等教育质量观

质量观	核心观点	代表人物 / 组织
模糊质量观	质量不可知观：模糊性、难表述 质量替代观：暗含卓越、外显现象表征	Cohen & Pirsing David & Astin
产品质量观	质量可以通过服务或者教育活动结果达到目标的程度衡量；质量的合目的性	国际标准化组织； Lewis；Husen, 等
需要质量观	质量满足各利益相关者需求的程度 质量的合需求性	Juran；潘懋元；欧洲质量管理组织等

---

① 夏征农主编. 辞海 [Z]. 上海：上海辞书出版社,1989.

② 注释：如无特别说明，下文所提及的质量都是指高等教育领域的质量。

③ Lee Harvey. Critical social research: re-examining quality[J]. Quality in Higher Education，2022(2):145-152.

质量观	核心观点	代表人物/组织
阶段论质量观	质量观与高等教育发展阶段具有一致性 合规质量观—合需求质量观—发展质量观	房剑森；胡弼成； 赵婷婷等
绩效质量观	从教育投入与产出的角度衡量质量 从目标及实现目标的条件的有效性衡量质量	伊莲·艾尔科娃； 杰弗里

注：表格数据系作者文献整理绘制

综上所述，高等教育质量不断呈现新的内涵，研究者的研究视角兼具理论与实践性。虽然研究者并未对高等教育质量的内涵形成一致共识，但是基本都认可质量的内在属性和价值属性两大属性，其中内在属性是指质量表现为事物本身的一组特性，价值属性则是指质量要满足不同主体需要的属性。由此可见，质量包含两层含义，其一是指质量所代表的事物特性，可以从活动或活动结果实现其目标的程度作为衡量依据，具有一定的客观性与权威性；其二是质量特性满足不同利益主体需要的程度，强调的是质量的合需求性。

2. 教学质量的内涵

正确理解教学质量的内涵是研究教学质量保障体系的必要前提。前文已对"质量"内涵做了详细的解析，本研究将从质量的"合目的性"与"合需求性"来分析教学质量。"合目的性"的教学质量观主要是以学习者的学习结果与教育目的的相符合程度作为衡量依据。例如，张海钟认为，广义的教学质量是指学校的培养质量与办学质量，可以从毕业生的知识、能力、素质与培养规格的相符程度来衡量。狭义的教学质量是指专业、课程以及课堂层面的教学质量，具体来说就是教学结果与教学目标的相符程度。[①]"合需求性"的教学质量观主要包括两个层面的需求，宏观层面的教学质量要满足社会发展的需求，通常是以

---

① 张海钟.论高等学校教学质量及其评价[J].西北师大学报(社会科学版)，2004(4):75-78.

毕业生质量作为衡量依据。微观层面的教学质量要满足个体发展的需求，要满足学生个性、能力、知识等的发展。

总之，不论是"合目的性"的教学质量观，还是"合需求性"的教学质量观，它们都将学生的知识、能力、素质的发展（学生学习结果与能力素养）作为衡量教学质量的主要依据。事实上，"合目的性"与"合需求性"的教学质量观是教学质量的两个方面，我们不能武断地去评判二者的优劣。因此，本研究将根据"质量分配的方式，将质量的各个要素都考虑进来"对本科教学质量进行研究。[①]

（三）本科教学质量保障的内涵

质量保障又称质量保证（Quality Assurance），是工商业领域的专有名词，它是"为了使人们确信某一种产品或服务能够满足规定的质量要求所必需的全部有计划、有组织的活动"[②]。这一概念的核心思想主要表现为如下两点：其一是质量保障强调质量对顾客需求的满足，使顾客对本组织提供产品的质量放心并向他们提供高质量服务的证据；其二是质量保障是质量管理的核心组成部分，它强调全员参与性，重视质量控制以及组织内部成员的自我评价与反馈，并且还要确保组织内部成员尤其是领导者确信内部提供的产品能够满足质量要求。

20世纪80年代，自"质量保障"引入高等教育领域以来，不同的学者专家对高等教育质量保障提出了不同的观点与看法，到目前为止有关高等教育质量保障的概念尚未达成一致共识。例如，Woodhouse认为，高等教育质量保障是"对质量的维持与提升"[③]。澳大利亚学者哈曼认为，高等教育质量保障就

① [美]戴维·查普曼,安·奥斯汀.发展中国家的高等教育——环境变迁与大学回应[M].范怡红,译.北京:北京大学出版社,2009:188.

② 赵文辉.高校教学质量保障问题研究[M].北京:中国人民公安大学出版社,2009:13.

③ 李亚东.我国高等教育外部质量保障组织体系顶层设计[D].上海:华东师范大学,2013:28.

是学校向外部利益主体提供证据，表明它们拥有培养优质毕业生的严格管理过程。[①] 安心（1999）则认为高等教育质量保障就是把内外部利益相关者联系起来，建立一种信任关系，使他们相信学校提供的教育质量是可靠的。[②] 不难发现，高等教育质量保障活动包括内部活动与外部活动。其中，以大学为主体的内部质量保障是为提升或者维持质量而开展的活动，并且大学在质量保障中的主体性地位已得到证实。外部质量保障主要是以政府为主的外部评估主体开展的活动，对学校质量进行评估、认证、审核等。此外，高等教育质量保障活动还十分注重内外部利益相关者的参与性，并注重向其外部利益相关者提供质量可靠的证据。

由于教学质量保障是高等教育内部质量保障的重要组成部分，因此本研究在综合上述研究的基础上对教学质量保障的概念进行初步界定：教学质量保障是在学校内部开展的，它根据学校办学要求以及利益相关者的需求确立质量目标，以教学活动为主要管理对象，以先进的质量管理理论及其思想作为理论支撑，以评估、监测等作为管理手段，以维持或者提升教学质量为主的一系列有组织、有计划的活动。具体而言，本科教学质量保障具有如下三个显著的特征：其一，强调学校内部利益相关者的参与性，即全员参与性；其二，十分重视对学校内部教学过程或者培养过程的监测与控制；其三，以维持或者提升学校教学质量为目的，并向学校外部的利益相关者提供质量证据。

（四）教学质量保障有效性的内涵

1. 有效性的内涵

"有效性"概念的界定是我们研究本科教学质量保障有效性的基础。有效性的英文单词为"effectiveness"，对其含义的经典解释是："组织 / 项目满足其陈

---

① 赵文辉.高校教学质量保障问题研究 [M]. 北京：中国人民公安大学出版社，2009:14.

② 安心.高等教育质量保证体系研究 [M]. 兰州：甘肃教育出版社,1999.

述的目标和目的"。^①《现代汉语词典》中将有效性定义为："能实现预期目的、有效果"。^② 这说明有效性主要是指实践活动的结果与预期目标的达成度。

不同的学科领域对"有效性"概念的释义也各有侧重。经济学中认为，"有效性"是要以尽可能少的投入，实现预期目标，获取尽可能多的收益，满足社会和个人的价值。^③ 这主要是从投入与产出的效率、实践活动的效果、实践结果对个人和社会的增量三个方面考虑有效性的。哲学中所谓的"有效性"则是在价值关系中产生的，即客体特定属性及其实践活动的效果是通过它们对其主体需求满足的程度体现的。^④ 这说明，实践活动与价值关系是有效性存在的两大基本前提。在管理学领域，ISO9000 标准将有效性定义为："完成计划的活动和实现计划结果的程度。"^⑤ 它包含活动的完成以及活动结果与目标的达成度两个层面的含义。教育学领域则认为，度量（评价）教育有效性的标准具有双重性，即它的结果能否实现目标和满足需要。^⑥

不难发现，有效性概念具有一定的模糊性，很难明确地给出一个适合各类标准的科学的、规范的定义。研究者主要是从实践结果的角度理解有效性，即实践活动的结果是否有效以及实践活动结果有效性的程度。但是，他们忽略了对实践活动过程是否科学或者有效的研究，忽略了导致这一结果背后的实质动因以及实践过程中不同主体所发挥的作用。因此，本研究将从如下几点理解有

---

① Lillis D. Systematically Evaluating the Effectiveness of Quality Assurance Programmes in Leading to Improvements in Institutional Performance [J]. Quality in Higher Education, 2012, 18(1):62.

② 中国社会科学院语言研究所词典编辑室编.现代汉语词典(第六版)[Z].上海:商务印书馆，2013.

③ 任艳妮.大众传媒环境下大学生思想政治教育传播有效性研究[D].西安:西北工业大学，2015:31.

④ 李重照.公开选拔领导干部制度有效性研究 [D].上海：复旦大学，2013:50.

⑤ 郝进.质量管理体系有效性评价的理论和方法 [D].北京：北京工业大学，2002:37.

⑥ 熊志翔.本科院校内部质量保障机制研究 [D].武汉：华中科技大学，2011:39.

效性：其一，有效性具有动态性，它是指实践活动过程及其结果的有效性；其二，可以通过完成实践活动的结果来衡量实践活动是否有效；其三，有效性还存在于一定的价值关系中，可以通过不同主体对实践活动及其结果实现预定目标程度的判断作为衡量有效程度的重要依据。

2. 教学质量保障有效性的内涵

尽管有效性是一个相对模糊的、颇有争议的动态性议题，但是可以从定性的角度对其进行描述。有学者认为，有效性能够被可视化为包含若干步骤的一个过程，即介绍（introduction）、植入（implantation）、执行（implementation）、行为修正（modification in behavior），最后在相关目标方面取得进展。影响质量保障有效性的许多因素很有可能会在这一过程中不断发挥作用。①

Ahmed 等人指出，要研究质量保障的有效性需要从以下两点进行考虑：其一是机构采取质量保障系统的动机是什么，是为了实现什么目标；其二是检验质量保障系统实现规定条件和规定质量目标的程度，事实上是其对外部规定质量标准的满足和遵循程度。② 这种观点强调机构采取质量保障系统的动机的重要性，为构建合理的质量保障目标奠定了坚实的基础，具有一定的合理性。在高等教育领域，大多数大学引入质量保障的目的是为了实现其质量目标，尽管不同类型学校的质量目标定位有所不同。然而，由于质量具有多维性、多样性、动态性等特征，正如 Brennan 所指出的教育的变化是无形的（invisible）、增加的（incremental）、缓慢的（slow）。③ 因此，根据本科教学质量保障的结果是否实现

---

① Donabedian A.The Effectiveness of Quality Assurance [J].Internal Journal for Quality in Health Care, 1996(4):401.

② Al-Nakeeb A A R, Williams T, Hibberd P, et al. Measuring the Effectiveness of Quality Assurance Systems in the Construction industry[J].Property Management, 1998, 16(4):223.

③ Kis V. Quality Assurance in Tertiary Education: Current Practices in OECD Countries and a Literature Review on Potential Effects [J]. [OECD], 2005:26.

了其质量目标或者满足其基本功能的程度对其有效性进行测量存在一定的缺陷，它并不能完全揭示影响本科教学质量保障有效性的因素，以及实现质量保障有效性这一结果背后的过程及其实质动因。

有研究指出，当质量保障机制作为组织内部的核心机制时，从组织机构的变化（如结构、责任、政策、程序等）来判断质量保障机制的有效性。[1]Roland从组织有效性的视角探究学校自我认证过程对学校满足外部认证标准的有效性的影响。[2]Shah 的研究表明，内外部质量保障的相互结合能提升大学质量保障的有效性。[3]但是，这一判断忽略了影响组织机构变化的其他内外部因素，它与目标导向的研究一样忽略了对质量保障活动过程有效性的考虑，并且还忽略了参与质量保障活动的各主要利益主体对质量保障的影响。

综上所述，本研究认为本科教学质量保障有效性是指本科教学质量保障活动的过程及其结果满足其目标的程度。它包含以下几个特征：其一，本科教学质量保障活动具有明确的目标；其二，本科教学质量保障活动的过程及其结果能够实现其规定的目标；其三，本科教学质量保障活动会增加额外的（或者是意想不到的）提升；其四，本科教学质量保障活动的不同利益主体对其实现目标程度的判断是衡量质量保障有效程度的主要依据。

---

[1] Kis V. Quality Assurance in Tertiary Education: Current Practices in OECD Countries and a Literature Review on Potential Effects [J]. [OECD], 2005:27.

[2] Roland T L. An Exploration of the Accreditation Self-Study Process from the Perspectives of Organizational Effectiveness [D]. California: Pepperdine University, 2011.

[3] Shah M. The effectiveness of external quality audits: a study of Australian universities [J]. Quality in Higher Education, 2013, 19(3):358-375.

第二节

理论基础

一、治理理论

20 世纪中后期，国际环境以及西方社会环境的变化改变了公共管理的生态环境。在这样的背景下，治理理论作为一种新的政治分析框架应运而生。20 世纪 70—80 年代，社会科学中一些学科领域的研究范式面临着一系列危机，为进一步完善和发展各自的学科理论，纷纷引入治理概念并丰富了其内涵，最终将其发展成为一个由诸多理论组成的复杂理论体系。

（一）治理理论的内涵

"治理"（governance）一词最早是源于古希腊的政治术语，有"掌舵、控制、操作、引导"之意，与"统治"（government）一词交叉使用，且主要用于"与国家公共事务相关的管理活动与政治活动中"。在现代社会中，"治理"一词被赋予了新的含义，与其传统含义相去甚远。具体而言，现代意义上的"治理"概念最早是源于对企业问题的研究。1989 年，世界银行在讨论非洲发展问题时首次使用"治理危机"一词。[①] 随后，"治理"概念从企业领域扩展到了政府、学校等非营利组织中。20 世纪 90 年代以来，治理理论迅速占领了国际学术领域，成为政治学、经济学、管理学等不同学科领域的研究热点，并涌现出了大量与之相关的著作。

---

① 褚宏启 . 教育治理：以共治求善治 [J]. 教育研究，2014(10):5.

　　尽管治理理论成为不同学科领域的研究热点，但对其内涵的解析却存在较大的模糊性与复杂性。在学术界，不同学科领域对"治理"的内涵有不同的解释，其中管理学领域的相关解释较为常见。詹姆斯·N.罗西瑙是治理理论的主要创始人之一。他认为，与统治相比，治理活动的管理机制不再依靠政府权威，且活动主体具有多样性。① 虽然治理活动的主体未被赋予正式权力，但他们仍可参与其领域内的相关活动并通过主体间的合作互动发挥作用。罗伯特·罗茨认为，治理是统治的一个新过程，它意味着统治的含义发生了变化，或者是原有规则发生变化的条件，又或者是管制社会的一种新方法。于是，他从最小国家、共同治理、新公共管理、社会－控制系统、自组织网络、善治六个方面，详细全面地解释了治理的内涵及其使用情况。目前，各国学者一致认为罗茨对治理内涵的解析较为全面。

　　此外，一些学者如格里·斯托克、韦勒、凯克特、皮埃尔·塞纳可伦斯、肯尼思·华尔兹等学者也对治理理论提出了一些独到的见解，进一步丰富了治理理论的内涵。其中，1995年联合国全球治理委员会在《我们的全球伙伴关系》报告中对治理理论的定义具有一定的权威性和代表性。该报告指出："治理是各种公共的或私人的个人或机构管理共同事务的诸多方式的总和。它是促使相互冲突的或不同利益得以调和并采取联合行动的持续过程。这既包括正式的制度和规则，也包括各种非正式的制度安排。"② 在我国，俞可平教授是研究治理理论的典型代表之一。他认为，治理是一种公共的管理活动和管理过程，其主要目的是"在各种不同的制度关系中运用权力去引导、控制和规范公民的各种活动"③ 以实现善治，即公共利益最大化。

---

① [美]詹姆斯·N·罗西瑙.没有政府的治理[M].张胜军,等,译.南昌:江西人民出版社,2001.

② 刘翔.中国服务型政府构建研究—基于社会治理结构变迁的视角[D].上海:复旦大学,2010.

③ 俞可平."全球治理引论"[J].政治学研究,2002(2):4.

（二）治理的特征

治理是一个极具包容性却又相对模糊的复杂概念，但这并不意味着它缺乏核心理念。从治理的发展脉络和概念图景的分析中可知，治理理论既是实现组织（管理）目标的重要手段（工具理性），又具有一定的"价值判断意向"（价值理性）[①]，在不断发展中这两种不同的价值取向交织在一起共同推动治理理论的发展。基于此，本研究从治理理论的核心内容出发，整合不同概念中存在的显著特征，主要表现如下。

第一，治理主体的多元化。与统治一样，治理同样肯定公共权威的重要性，但是它打破了政府单一权威的局限性。治理强调权力中心的多元化，鼓励得到社会公众认可的第三方组织等不同利益主体参与其中，实现良好的治理效果。这说明，治理的主体具有多元化，既可以是社会公共机构，也可以是私人机构或者是公私合作机构，再或者是个人。

第二，治理过程的互动协商性。多元治理主体之间存在着权力依赖关系。在复杂的治理结构体系中，不同治理主体主要是以对话、协商、合作等持续互动的方式来实现对治理领域的权力控制，进而实现治理的共同目标及其他们各自的目标。这是一种上下互动的双向度的管理活动，它突破了政府自上而下的单向度的管理活动，以实现对公共事务的共同管理。

第三，治理方式的多样性。治理方式是保证治理结果实现其预期目标的重要手段。为实现共同目标，经多元主体协商所确立的正式的制度和规则或者非正式的制度安排都可以认为是治理的方式。这既肯定了治理主体的独立性与自主性，又凸显了治理方式的多样性。

第四，治理目标是实现善治。俞可平教授认为，治理就是要通过多元治理主体协商与合作，形成一种具有合法性、透明性、责任性等特征的"善治"状

---

① 赵成.治理视角下的大学制度研究[D].天津：天津大学，2006:18.

态。而善治是一种好的治理结果，其最终衡量标准则是公共利益最大化。其中，多元主体的共同参与，即共同治理是实现善治的主要路径。

治理理论呈现出了与"统治"和"管理"不同的新特征，打破了传统的自上而下的单一式权威，鼓励多元主体参与其中形成一个双向互动的多中心治理网络组织。而要真正落实这一理论使其在实践中发挥其作用，关键是要在多元主体之间构建一种信任机制。

二、共同治理理论

（一）共同治理理论的内涵

治理理论为解决西方社会中"政府失灵"和"市场失灵"问题提供了一种全新的理论视角，并被广泛用于与国家公共事务管理相关的活动中。作为一种非营利性组织，高等教育被认为是在政治和经济领域之外的"公共领域"，因而也适合运用治理理论。

大学治理既是社会治理的重要组成部分，又是大学自我发展的内在要求。20世纪中后期，由于高等教育从精英化阶段向大众化阶段迈进，致使现代大学面临前所未有的挑战，例如，大学结构日益复杂、职能日益增多、学科不断分化等。其中，最为突出的问题是要如何满足大学内外诸多利益相关者的多元价值诉求。对此，科尔森、马奇和奥尔森等学者先后提出了大学治理的相关问题。尽管大学实践与管理活动中已经孕育了治理的概念，但它还是最先在企业管理与公共管理领域被理论化。[①] 随后，治理理论凭借其强大的社会影响力，又重新回到高等教育领域，促使一批学者围绕治理理论继续开展研究。

在高等教育领域，相关学者对大学治理进行了系统研究。其中，马金森和

---

① 王建华. 重思大学的治理 [J]. 高等教育研究，2015(10):8-13.

康斯丁认为大学治理是:"关注大学内部的一系列价值决定,大学的决策和资源分配系统,大学的使命和目标,大学的权威和科层模式,大学作为学术界内的组织与作为学术界之外的政府、商业和社区的组织之间的关系。"[①] 该定义明确强调了大学内部治理的重要性及其大学与外部利益主体之间的关系。经济合作与发展组织从大学治理的内外部和网络视角分析治理的内涵,认为:"大学治理是在国家和组织层面,制定、执行和审查高等教育政策的结构、关系和过程。大学治理是一个复杂的网络,包括各种正式的和非正式的结构、关系调控和影响治理的行为。"[②] 该界定进一步强调了影响大学治理的正式和非正式的结构、互动以及关系的重要性。总之,在高等教育领域中,关于大学治理的相关研究已经聚焦于治理的结构、治理实践、治理的利益主体及其相互关系等方面。其中,多元利益主体共同治理(shared governance)是大学治理的核心。

美国是共同治理理论的早期开拓者与实践者。20世纪60—70年代,伴随着学生激进运动和教师集体谈判的发展,美国大学内部治理变革趋向于各利益主体共同参与的共同治理。其中,美国大学教授协会(AAUP)、美国教育理事会(ACE)以及大学董事会协会(AGB)为共同治理的发展做出了重要贡献,它们于1966年共同制定了《学校和大学治理的联合声明》(下文简称《联合声明》),拉开了美国大学共同治理的序幕。《联合声明》将共同治理定义为"基于教师和行政部门双方特长的权力和决策的责任分工,以代表教师和行政人员共同工作的承诺",并用"全员参与"与"首责优先"两条原则规定共同治理。[③] 这一定义既肯定了董事会、行政管理部门、教师、学生等利益相关者参与大学治理的重要性,又明确了他们参与大学决策过程中的权责范围以及实现共同治

---

① [加] 伊安·奥斯丁,格伦·琼斯. 高等教育治理——全球视野、理论与实践 [M]. 孟彦,刘益东译. 北京:学苑出版社,2020:4.

② [加] 伊安·奥斯丁,格伦·琼斯. 高等教育治理——全球视野、理论与实践 [M]. 孟彦,刘益东译. 北京:学苑出版社,2020:6.

③ 彭国华,雷涯邻. 美国大学共同治理规则研究述评——以对《学院与大学治理的联合声明》反思为视角 [J]. 高教探索,2011(1):64-68.

理的有效途径。《联合声明》的价值体现在两个方面：一方面，提出了管理民主化的思想，学者被置于很高的位置，教师不仅有权参与学术事务，而且还能涉足教育政策领域（如制定目标、规划、预算、选举管理者等）；另一方面，共同治理理论虽然造成了传统治理结构的松动，但维系了大学科层管理垂直体系上的整体特性。[①]

《联合声明》的颁布和实施在美国学界引起了不小的争论，既有支持者亦不乏反对者，并由此引发了学者们对共同治理的制度审视与反思。于是，美国的一些学者提出要对共同治理制度进行改革。面对学者们的呼声，1998 年，美国大学董事协会（AGB）颁布了《治理宣言》，对《联合声明》中共同治理的内容进行了部分调整，并提出七项原则以解决共同治理模式中存在的诸多问题。与《联合声明》（1966）相比较，《治理宣言》（1998）中关于大学决策的责任分配更加细化；教师在决策中的权威性减少，学术自由权有所下降；利益相关者的范围也进一步扩大到了学校外部的社区领导、雇员、资金提供者、顾客等群体。共同治理是美国最重要的大学治理制度之一，它不仅对美国大学产生了巨大的影响，也对世界各国的大学产生了深远影响。

（二）共同治理理论的特征

为全面系统地把握共同治理理论，本研究将从公共性、参与性、民主性三方面对其特征进行分析。

第一，共同治理具有公共性。现代大学因其公众利益、公众参与性与公共财政而具有公共性。[②]从共同治理的视角来分析，大学治理的目的是为了协调不同利益相关者之间的矛盾与冲突，促进各方利益平衡，进而实现公共利益最大化。因此，从这个意义上说，共同治理的公共性在于促使大学内外部多元利益

[①] 甘永涛.美国大学共同治理界说及制度演进 [J]. 外国教育研究，2008(6):27.

[②] 戚业国.现代大学制度重构:公共性、公益性、私益性的冲突与整合[J].教育发展研究，2011(19):21-26.

相关者"共享大学发展之利益"①。

第二，共同治理具有共同参与性。作为一个典型的利益相关者组织，大学涉及诸多利益相关者，如管理者、教师、学生、教育行政部门、用人单位、第三方组织、学生家长等。多元利益相关者群体共同参与大学治理，形成成员参与网络。在此网络中，为交换资源并协商共同目标，利益主体基于信任以及规章制度等参与互动协商以求达成一致共识。② 共同参与意味着每一位利益相关者对大学事务都负有责任，但这并不能说明每一位利益相关者在每个阶段都要参与。③ 例如，在一些重大事务决策中，大学利益相关者可以通过投票、监督、评估、反馈等途径参与其中，而只有一部分人有权进行最终决策，这体现了共同治理的"首责优先性"原则。

第三，共同治理具有民主性。共同治理的民主性主要体现在利益相关者权责分配的层次性与决策过程的柔性化两方面。一是权责分配的层次性。大学的权责分配首先是要考虑内外利益相关者参与治理的能力与意愿等。换言之，就是在衡量参与大学治理的利益相关者个体所具备的基本条件的基础上确定与其相对应的权责。二是决策过程的柔性化。在决策过程中，要确保大学内外各利益相关者既能够自主开展大学治理，又能以协商、合作等非结构化、非正式的互动方式调和治理过程中的矛盾与利益冲突，平衡多元利益进而实现公共利益最大化。

---

① 唐汉琦.论大学战略规划与共同治理[J].现代教育管理，2016(7):14.

② [加]伊安·奥斯汀，格伦·琼斯.高等教育治理—全球视野、理论与实践[M].孟彦，刘益东译.北京：学苑出版社，2020:5.

③ 刘爱生.美国大学共同治理的思想内涵[J].比较教育研究，2012(1):8-12.

三、善治理论

（一）善治的内涵

善治（good governance）是伴随着治理的出现而逐步形成的，它是作为治理的实用标准被引进来的，是治理概念不可或缺的内在价值构成要素。[①] 从这个意义上说，善治是治理的一种价值判断，且这种价值判断具有正向性。那么，什么是善治呢？我国学者俞可平教授认为，"善治是促使公共利益最大化的社会管理过程和管理活动，其本质在于政府与公民协同完成对公共事务的管理，是政治国家与公民社会的一种新颖关系，是两者的最佳状态"[②]。善治的内涵十分丰富，它主要是从公共利益最大化、政府与公民社会共同治理等方面进一步提升和完善治理理论。

在高等教育领域，大学善治是一个相对较新的研究视域，对其概念内涵学界尚未形成一致共识。其中，西方学者多是从治理有效性的视角切入分析大学善治。在此基础上，我国学者则从"良好的治理"视角分析善治。例如，褚宏启、范国瑞等学者一直认为，善治是教育治理的直接目的。金保华等人认为，"大学善治是大学各利益相关者在契约和法律约束下，在共同合作协商的基础上，自由、平等、和谐地协调相互关系，以共同目标为纽带致力于提升大学治理的有效性，最终达成最佳治理效果，并以此促进高等教育领域的公共利益最大化的过程。"[③]

---

① 吴畏.善治的三维定位 [J].华中科技大学学报（社会科学版），2015(2):1-9.

② 俞可平.治理和善治：一种新的政治分析框架 [J].南京社会科学，2001(9):40-44.

③ 金保华,刘晓洁.大学善治的理论逻辑与价值要素[J].现代教育管理，2019(10):41-46.

（二）善治的组成要素

世界银行从话语权与问责制、政治稳定、政府效能、规制质量、法治、廉洁六个维度对善治进行分析。[①]联合国认为，善治应具有参与、回应性、效能与效率等特点。[②]联合国和世界银行等国际援助组织试图运用这些要素指标对政府绩效或者国家治理状况进行评价，并将援助条件附加到治理改善指标之中。我国学者俞可平教授将善治的组成要素归纳为合法性、法治、有效、参与等十个方面。[③]褚宏启认为，教育善治是由参与度、回应性、透明度等十个要素组成。[④]金保华等人认为，现代大学善治具有民主、法治、有效、负责和透明五大价值要素，其中有效是大学善治的目标。[⑤]尽管上述有关善治要素的表述不尽相同，但是他们将抽象层面的"善"转换成了可感知的具体层面的"善"，这在一定程度上反映了他们对理想善治的追求。由于善治是其不同要素的有机组合，并且有关善治及其要素的组成在不同学科领域中略有不同，因而我们不能简单地将其中的任何单一要素等同于善治。

（三）善治的价值判断

善治包含着实质性的"良善之治"和工具性的"善于治理"两层含义。[⑥]从这个意义上讲，作为治理的正向价值判断，善治具有追求管理效率的价值理性

① 王正绪,苏世军.亚太六国国民对政府绩效的满意度[J].经济社会体制比较，2011(1):99-109.
② 王正绪,苏世军.亚太六国国民对政府绩效的满意度[J].经济社会体制比较，2011(1):99-109.
③ 俞可平.治理与善治[M]北京：社会科学文献出版社，2000.
④ 褚宏启,贾继娥.教育治理与教育善治[J].教育学刊，2014(12):8-9.
⑤ 金保华,刘晓洁.大学善治的理论逻辑与价值要素[J].现代教育管理，2019(10):41-46.
⑥ 李龙，郑华.善治新论[J].河北法学，2016(11):3.

和致力于民主管理的工具理性双重价值属性。[①] 这就需要从治理的过程与结果和治理多元主体关于善的认识与评价两个维度去考虑善治的价值。一方面，善治目标的制定既要考虑政治、经济、文化、社会等现实，又要考虑公共管理所追求的"帕累托最优"即公共利益最大化。另一方面，在治理过程中还要考虑不同利益主体是否充分参与其中，并有机会合理的表达其利益诉求而不被主流群体及其利益所抑制等问题。因为，善治概念规定着善治的本质属性，即善治就其本质而言具有正向的价值判断，因而不论是工具理性还是价值理性最终都是要以公共利益最大化作为衡量标准。教育治理的核心是善治。教育治理作为一种手段，其核心目的是实现善治，即实现教育中的公共利益最大化。[②]

（四）共治与善治之关系

善治是一种还政于民的过程。政府不再是单一的权威中心，公民社会有权利与能力参与其中，政府与公民社会通过正式或者非正式的制度或规则对公共事务进行共同管理。[③] 从这个意义上说，共同治理（简称"共治"）是实现善治目标的主要路径。在高等教育领域，多元主体共同参与治理是实现高等教育善治目标即公共利益最大化的路径选择。正如褚宏启所指出的："共治并不必然带来善治，但是没有共治就必然没有善治。"[④] 从这个意义上说，共治是实现善治的必要不充分条件。

---

① 睢依凡.论大学的善治 [J].江苏高教，2014(6):17.
② 范国睿.教育管办评分离改革：理论假设与实践路径 [J].教育科学研究，2017(5):5-21.
③ 褚宏启，贾继娥.教育治理与教育善治 [J] 中国教育学刊，2014(12):6.
④ 褚宏启，贾继娥.教育治理与教育善治 [J] 中国教育学刊，2014(12):6.

第三节

教学质量保障的共同治理特征

本科教学质量保障是质量管理活动发展到一定阶段的产物，体现了教学质量管理范式的转变。随着政府简政放权的深入推进，大学在教育质量保障中的主体责任也进一步落实。作为教育质量直接承担者的大学通过构建内部教学质量保障体系对政府、社会公众等外部利益相关者的教育需求进行回应。换言之，内部质量保障已经成为治理大学的主要工具。在实践中，我国一流大学内部本科教学质量保障活动呈现了共同治理理念，具体表现在四个方面。

一、教学质量保障理念的整体性

当代高等教育领域的很多问题都要上升到哲学层面思考、追寻根源。由于"质量"问题是高等教育质量保障的核心问题且备受关注，于是有学者指出"高等教育质量问题本身就是价值问题"[①]。作为质量管理的新范式，大学内部教学质量保障的价值理念与传统的教学质量管理价值理念之间存在着本质的区别（见表 2-2），具体体现在"对质量是怎么产生"的理解不同。[②] 传统教学质量管理思想认为，"质量产生于管理阶段"，注重对质量的管理与控制。因此，传统教学质量管理更关注对教学结果的评价，属于终结性评价（Summative

---

① 史秋衡,王爱萍.高等教育质量观:从认识论向价值论转变[J].厦门大学学报(哲学社会科学版), 2010(2):72-78.

② 史秋衡,罗丹.从市场介入的视角辨析高等教育质量保障概念[C].中国教育经济学年会会议论文, 2005.

Assessment），忽略了对教学产生的过程的监控与评价。这种管理思想体现了一种绩效质量观，其实质是外部政府问责的延续。

与之相比，本科教学质量保障则"将管理的视野与对象扩展到了教学质量产生的全过程"，[①] 其核心思想是"质量产生于过程"，因此注重对质量各要素进行全面系统的考察。这种管理思想体现了一种追求更好的全面质量观。本科教学质量保障体系是一项全方位的系统工程，它打破了传统的教学管理思想，不再将教学管理活动局限于单一的教务行政部门，而是整合关涉教学质量管理的各个部门（如教务委员会、党委办公室、校长办公室、教务处、学生处、人事处、各学院等），建立一套系统的质量管理体系。同时，本科教学质量保障还能够抓住质量产生过程的关键环节（如教学、学习、管理等）与关键要素（如师资队伍、学生状况、资源等），并将这些要素都联系起来形成一个权责明晰、相互协调、内外结合的有机整体。然后，从教学质量产生的过程进行全程性管理与监控，对教学质量进行过程性评价，并以此来改进和提高教学质量。

在实践中，本科教学质量保障对提升教学管理效率、改进教学过程、增强教学质量意识都起到了积极推动作用。因此，本科教学质量保障思想是对传统教学质量管理思想的一种发展与超越，它体现了一种注重过程的全面质量观。

表2-2 传统教学质量管理与质量保障的管理理念比较

管理理念	传统教学管理	教学质量保障
质量观	绩效主义质量观	全面管理质量观
质量来源	质量源于管理阶段，注重质量控制	质量产生于过程，注重监测反馈
评价类型	终结性评价	过程性评价
主要目的	回应外部问责	注重质量改进与提升

（注：本表是作者根据资料自行绘制）

---

① 孔晓东.全面质量管理与高校教学质量保障[J].教育评论，2009(2):27-29.

二、教学质量保障目标的公共性

大学内部教学质量保障的目标是指在一定时期内，通过各种内部教学质量保障的活动实现教学质量所要达到的预期成果。有学者指出，合适的质量目标是教学质量保障体系有效运行的基本前提，它包含两层含义：一是大学是否有明确的办学方向和发展目标；二是大学目标能否有效达成。[①] 从这个意义上来讲，教学质量保障目标是对大学办学目标的保障。[②] 尽管大学的办学目标与大学的办学定位、历史文化、办学水平等密切相关，呈现出一定的动态性和发展性。但总体来说，它规定着教学质量保障应达到的总要求，决定着教学质量保障活动的方向。

大学是为"社会和公众利益服务的公共机构"，其重要使命就是使所有人能够最大限度地从教育中受益。[③] 而大学办学目标的公共价值是通过教学质量保障活动的结果体现出来的，即教学质量。有学者指出，本科教学质量既是社会发展对其所需人才"在知识、能力和素质方面的具体要求，又是学校办学和教学管理的总体成果"[④]。一方面，教学质量保障活动要证明已经取得的质量，即大学人才培养质量和大学声誉及社会地位等。另一方面，它还要"持续改进大学人才培养活动的效果，不断提高人才培养活动满足社会需求的能力，实现教学质量的动态管理。"[⑤] 因此，人才培养质量和大学声誉及其地位能够在多大程度上实现教学质量保障目标，在实现质量保障目标的过程中是否

---

① 孔晓东.全面质量管理与高校教学质量保障 [J]. 教育评论，2009(2):27-29.

② 熊志翔.本科院校内部质量保障机制研究 [D]. 武汉：华中科技大学，2011.

③ 孔晓东.全面质量管理与高校教学质量保障 [J]. 教育评论，2009(2):27-29.

④ 许晓东，王乘.研究型大学本科教学质量保证体系探索 [J]. 高等工程教育研究，2006(6):44-47.

⑤ 唐德玲，等.完善教学质量保障系统 促进教学质量不断提高 [J]. 清华大学教育研究，2001(4):163-167.

会有额外的提升等，既体现了教学质量保障活动的有效性，又体现了教学质量保障目标的公共性。

三、教学质量保障主体的共同参与性

传统的质量管理活动强调管理者在质量管理中的主体地位，忽略了教学活动中的两大主体教师和学生在质量管理活动中的重要性，容易造成质量管理活动的乏力现象。英国学者弗雷泽指出，实施质量保障活动的组织中的所有成员都对保持、提高产品或服务的质量负责，这充分肯定了质量保障活动的全员参与性。大学是由管理者、教师、学生、家长、校友、社会用人单位等诸多利益相关者组成的学术组织。同时，这些利益相关者也都是教学质量保障的责任主体，都对教学质量负有责任，并且这些以提升质量为主而形成的利益共同体还有着不同的教学质量需求。

与传统的以权力为导向的质量管理方式相比，本科教学质量保障则是以需求为导向的。因此，在质量保障活动中，大学会根据内外部不同利益相关者的质量需求，为他们提供参与质量管理与评价的机会，让他们了解大学内部质量状况。例如，大学会通过学生评教、教学经验交流、教学常规检查、课堂教学评价、督导听课、信息督察员等制度或措施鼓励大学内部利益相关者参与质量保障活动的全过程。同时，大学还要向外部利益相关者提供质量证据，如发布《高校本科教学质量年度报告》《高校学生就业年度报告》、毕业生信息追踪报告、公开教育信息、用人单位满意度调查等，接受政府、学生家长、社会用人单位、社会媒体等外部利益相关者的监督与问责。此外，大学还会根据不同利益相关者需求的变化调整相应的目标与策略，以实现更高的质量标准和顾客满意度，进而促进学校教学质量的持续改进。可见，教学质量保障活动既尊重了高等教育的发展规律，又灵活地调动了质量保障活动中多元利益相关者的积极性，体现了共同治理的思想。

四、教学质量保障过程的互动协商性

在中央集权管理模式的影响下，作为高等教育的管理者、举办者和评价者，政府对高等教育及其质量拥有绝对的发言权。而本应作为教育质量直接承担者的大学却因缺乏办学自主权不得不处于一种被动的境地。受旧有管理体制惯性的阻碍，我国大学传统的教学质量管理方式是一种自上而下的集权式管理，主要是依靠"监督和控制"，带有明显的行政色彩。传统的教学质量管理方式由于权力过于集中，缺乏有效的监督机制，而造成质量管理过程僵化，管理结构等级明显，质量管理效率较低等问题。[1]

与传统的教学质量管理方式相比，本科教学质量保障的管理方式是一种上下互动的民主式管理，它坚持多元主体在协商交流中形成质量共识。[2]"本科教学质量是建立在一定的价值基础上的"，[3]它的形成遵循着教育教学活动的基本规律。因此，质量保障活动的前提是遵循不同主体的教学质量观，通过不断的协商、交流、沟通以形成一种质量共识。有学者指出，本科教学质量保障过程坚持了"以人为本"的思想，在持续改进教学、不断提高教学质量的基础上，充分调动广大教师和学生参与教学质量管理和评价工作的积极性。[4]这与大学共同治理理念中的民主性具有高度的契合性，既体现了质量保障多元主体权责分配的层次性，又体现了质量保障决策过程的柔性化。

上述分析表明，教学质量保障尊重多元教学质量观、坚持在协商交流中形

---

[1] 石邦宏，王孙禹，袁本涛.我国高等教育质量管理趋势分析[J].清华大学教育研究，2008(12):109-113.

[2] 戚业国.高校内部本科教学质量保障体系建设的理论框架[J].江苏高教，2009(2):31-33.

[3] 戚业国.高校内部本科教学质量保障体系建设的理论框架[J].江苏高教，2009(2):31-33.

[4] 唐德玲，松烈侠，冯婉玲等.完善教学质量保障系统 促进教学质量不断提高[J].清华大学教育研究，2001(4):163.

成质量共识、更加关注教学质量生成的全过程、关注不同利益相关者的利益等特点，体现出了教学质量保障与大学治理思想的理论契合性。这既是大学质量主体意识和社会责任意识增强的表现，又是大学内部教学质量保障走向治理的必然选择。从这个意义上来讲，完善有效的教学质量保障体系既是大学内部质量保障体系建设的内在需求，又是提升大学治理体系和治理能力现代化的基本途径。

第四节

本章小结

　　本章主要是概念界定与理论基础的分析。首先，对"中国特色一流大学""质量与教学质量""本科教学质量保障""本科教学质量保障有效性"等基本概念进行了界定，以明确研究的基本问题。接着，又梳理了本科教学质量保障的理论基础，并重点对治理理论、共同治理理论和善治理论的核心内容进行了系统分析。然后，在此理论基础上，系统地分析了本科教学质量保障在实践中呈现出的共同治理特征，即教学质量保障理念的整体性、教学质量保障目标的公共性、教学质量保障主体的共同参与性、教学质量保障过程的互动协商性。

第三章
我国一流大学教学质量保障的
发展历程与现状

质量管理活动自大学诞生之日起就产生了，它经历了质量自我管理、质量管理测量、质量管理评估和质量保障四个发展阶段。[①]20世纪80年代末90年代初，为了应对高等教育大众化带来的质量问题，我国大学开展了大量正式或非正式的质量管理活动。从其内部来看，传统的以教学评价为核心的质量管理活动过分关注对教学结果的评价，忽略了对教学质量生成过程的评价，很难实现人们对高等教育质量的预期。[②③]这促使大学质量管理活动逐渐转向教学质量保障。

① 戚业国.高校内部本科教学质量保障体系建设的理论框架[J].江苏高教，2009(2):31-33.

② 戚业国,代蕊华.本科教学质量保障体系建设的思想与方法[J].教师教育研究，2007(2).

③ 朱守信,杨颉.高等教育质量管理的基本矛盾:成熟度评价视角[J].国家教育行政学院学报，2015(11).

第一节

我国一流大学教学质量保障的发展历程

在一流大学中，本科教学质量保障最早是一种以自我评估为主的质量管理活动，它伴随着政府开展的本科教学评估活动而逐渐发展成为一种新的质量管理范式。虽然一流大学本科教学质量保障的演进路径相对复杂且具有自身特性，但基本与本科教学评估活动的发展历程一致，经历了如下几个相互叠加的发展阶段，并且每个阶段的发展重心有所不同。

一、以评估为主的积极探索阶段（1985 年至 1993 年）

1985 年 5 月，中共中央颁布的《中共中央关于教育体制改革的决定》首次提出，教育管理部门要对高等学校办学水平进行评估，拉开了我国高等教育评估事业的序幕。1985 年 6 月，原国家教委在黑龙江镜泊湖召开了"高等工程教育评估问题专题研讨会"。同年 11 月，颁布了《关于开展高等工程教育评估研究和试点工作的通知》，这标志着我国高等教育评估试点工作的开始。此后，原国家教委委托相关部门在 80 多所高等工业院校中开展了专业评估、课程评估和学校办学水平综合评估等评估试点工作。[①] 在此期间，相关领域的专家学者们通过举办学术研讨会、出版学术著作、创办专业杂志、成立学术组织等形式开展评估理论研究工作。

在前期实践探索和理论研究的基础上，1990 年原国家教委颁布了《普通高

---

① 吴岩. 构建中国特色高等教育质量保障体系 [M]. 北京：教育科学出版社，2014.

等学校教育评估暂行规定》，对我国高等教育评估的目的、任务、性质、基本形式等都进行了明确规定，标志着我国高等教育评估事业朝着规范化、制度化的方向发展。1993 年，中共中央、国务院颁布的《中国教育改革和发展纲要》明确指出"把高等教育质量和效益提高到新的水平"。这为 20 世纪 90 年代至 21 世纪初期我国的教育改革与发展指明了方向。[1]

与此同时，为迎接和应对政府开展的教育评估活动，我国大学内部也开展了评估准备工作。评估方法基本是以教学质量评价和检查为主。[2]评估内容而言，学校自我评价与检查主要是围绕与教学活动相关的内容开展的，具体包括：课程建设和课程评价，对学生学习、实践活动、毕业生毕业设计等进行评价，对师资水平、师资队伍、教师的课堂教学、教学内容等进行考核，对教学管理活动进行日常检查等。评价主体而言，为保证教学活动的顺利开展、提升教育教学质量，学校相关教学管理部门或者院系相关部门自行组织日常教学检查与监督工作。同时，教育行政部门或者其委托单位的一些评估专家也会对学校的学科、专业、课程建设等进行评价，这些评价大多是以试点形式开展的。例如，1992 年对浙江大学和四川大学两所学校开展了办学水平综合评估的试点。

这一时期，国家组织开展的外部评估活动深入到了学校内部，评估范围涉及学科、专业、课程等方面。而大学内部开展的质量管理活动（自我评估）仍处于初级探索阶段，并且评估方法、主体、形式等相对单一，缺乏系统化、规范化，评估内容则主要是遵循外部评估活动的基本要求。在高等教育质量保障体系中，高校自我评估具有很强的被动性，往往是被当作外部评估活动的对象，而非是整个质量保障体系的主体。

---

① 莫华善,戚业国.我国高校本科教学质量管理的历程、经验与启示[J].国家教育行政学院学报，2009(9):34-37.

② 夏晨菲.我国研究型大学本科教学质量内部保障体系研究[D].苏州:苏州大学，2010.

二、聚焦教育教学质量提升阶段（1994 年至 2002 年）

这一时期，我国高等教育领域开展的高校合并以及高校扩招政策，带来入学人数规模扩张、高校教育投入不足、教育教学质量下滑等问题。因此，高等教育质量建设成为这一时期的核心议题。这一时期，高等教育迫切需要转变精英时代的教育质量观，构建与高等教育大众化发展相适应的高等教育质量保障体系，以提升高等教育质量。与此同时，我国政府还出台了《中华人民共和国教育法》（1995）和《中华人民共和国高等教育法》（1998）两部教育类法律，从法律上确立了评估工作的重要地位，为教育评估制度的发展提供了坚实的法律保障。

受西方国家质量保障运动的影响，我国开展了本科教学评估工作。1998 年，原国家教委颁布了《关于进一步做好普通高等学校本科教学工作评价的若干意见》，将我国本科教学评价工作划分为新建本科院校合格评估、重点大学选优评估以及介于两者之间的一些院校的随机评估三种不同形式的评估方式。这一时期的评估试点活动体现了分层分类的评估思想，对不同类型的院校采取不同的评估方案、评估指标以及评估形式，总体上是采取"边试点、边评估、边修改"的方式。[1] 2001 年，我国教育部颁布了《关于加强高等学校本科教学工作提高教学质量的若干意见》（教高〔2001〕4 号），充分肯定了教学在学校工作中的重要地位，并鼓励学校"建立健全教学质量监测和保证体系"。[2] 2002 年，教育部印发了《普通高等学校本科教学工作水平评估方案（试行）》提出将"合格评估、选优评估和随机评估"合为一体的本科教学工作水平评估。

受国家政策和西方质量保障运动的影响，我国学者陈玉琨教授于 1995 年首次提出要在我国建立教育质量保障体系的建议。1996 年，相关学者齐聚河北石

---

[1] 吴岩.构建中国特色高等教育质量保障体系 [M]. 北京：教育科学出版社，2014:22.

[2] 教育部.关于加强高等学校本科教学工作提高教学质量的若干意见[Z].教高〔2001〕4号.

家庄，举行了以"教学质量保障"为主题的教育评估研讨会，开启了国内教学质量保障的理论研究。[①]与此同时，我国一些大学理论研究者和实践工作者纷纷将企业领域的全面质量管理理论、ISO9000质量管理标准以及质量保证模式等引入大学，试图在学校内部构建质量保障体系。

随着教育管理体制改革的不断开展，政府部门逐渐下放教育管理权，教育部开展的教育评估活动也开始聚焦于学校层面的教学、管理等问题。这一时期，明确提出了教学质量保障的相关概念，学校相关工作者开始重视质量保障的实践探索和理论研究。我国高校的教学质量管理活动开始朝着质量保障的方向努力。虽然这些初步构建的教学质量保障体系对保证教学质量起到了积极作用，但由于其"迎评"性质致使其缺乏系统性和连续性。与此同时，在不断实践基础上，人们也开始对高等教育领域中引入全面质量管理以及ISO9000标准的适应性和有效性进行反思。

三、教学质量保障初步建设阶段（2003年至2009年）

在高等教育规模不断扩张的背景下，教育主管部门高度重视高等教育质量问题。2003年，国务院发布的《2003—2007年教育振兴行动计划》明确提出，"要建立健全高等学校教学质量保障体系……实行五年为一周期的全国高等学校教学评估制度"。随后，国家又出台了一系列的政策法规，要求高校将工作重点转移到提高教学质量上来，鼓励高校完善教学质量保障体系。2003年11月，教育部颁布了《教育部办公厅关于对全国592所普通高等学校进行本科教学工作水平评估的通知》（教高厅〔2003〕9号），标志着我国五年为一周期的本科教学评估活动正式开展。

2007年，教育部、财政部开展的"高校本科教学质量和教学改革工程"，

---

① 夏晨菲.我国研究型大学本科教学质量内部保障体系研究[D].苏州：苏州大学，2010.

促进高校内部质量保障建设的重心转向了"人才培养模式改革、教学管理制度完善、教师教学与科研水平提升"等方面，标志着我国高校质量保障建设进入了新的发展时期。[①] 第一轮本科教学工作水平评估的重心转向对学校内部教学质量保障体系的审核。[②] 例如，对"教学管理"的二级评价指标"质量控制"中的"教学规章制度""教学质量标准""教学质量监控"等观测点进行了明确规定。2008 年，教育部教学评估中心召开了大学内部教学质量保障建设的相关会议，旨在从宏观视角出发探究如何促进大学构建其内部质量保障的长效机制。[③]

在第一轮评估工作的推动下，我国一流大学陆续开展了内部教育质量保障体系建设工作。就其实践而言，这一时期我国存在着三种不同水平的大学内部教育质量保障体系：一种是在某种理论指导下，从教学质量产生全过程出发，系统整合学校各部门及其资源而构建的教育质量保障体系；另一种是从教务管理和教学质量管理两个层面整合而来的教育质量保障体系；还有一种则是为迎接评估需要而产生于文本之中的教育质量保障体系。[④]

这一时期，本科教学工作水平评估属于鉴定性评估，对学校教学工作的全局进行评价，旨在"促进学校面向社会依法自主办学，不断提高教学质量和办学效益，增强学校主动适应社会需求的能力。"[⑤] 虽然明确提出了教学质量保障体系的概念，但是对本科教学质量评价的重点是"教学质量标准"和"教学质量监控"等内容。从其根本来看，本科教学质量保障的建设重点是在监控环节，且办学条件建设仍是这一时期评估工作关注的重点。

---

① 李国强.高校内部质量保障体系建设的成效、问题与展望[J].中国高教研究，2016(2).

② 申天恩，勾维民.普通高等学校本科教学工作审核评估展思[J].高教发展与评估，2014(4).

③ 张茂聪.强化教学质量管理 构建大学内部教学质量保障体系[J].山东高等教育，2015(7).

④ 李明."后评估"时期高校内部教育质量保障体系建构反思[C].第二届首都高校教育学研究生学术论坛论文集，2011.

⑤ 吴岩.构建中国特色高等教育质量保障体系[M].北京：教育科学出版社，2014:40.

四、教学质量保障系统建设阶段（2010 年至 2018 年）

在肯定第一轮评估工作取得的显著成效以及总结其存在的问题与不足的基础上，国家对本科教学评估进行了进一步的规范化改革。2010 年 7 月，中共中央印发了《国家中长期教育改革和发展规划纲要（2010—2020 年）》，明确提出"要健全教学质量保障体系，改进高校教学评估"。2011 年，教育部颁布了《关于普通高等学校本科教学评估工作的意见》（教高〔2011〕9 号），明确提出，要建立与中国特色现代高等教育体系相适应的以"学校自我评估、院校评估、专业认证及评估、国际评估和教学基本状态数据常态监测"等为主要内容的"五位一体"本科教学评估制度。"五位一体"评估制度是国家对教学评估工作的顶层设计，它既肯定了学校在评估中的主体地位，又强调了对学校教学质量的常态监测，具有十分重要的意义。2011 年，教育部办公厅颁布了《教育部办公厅关于开展普通高等学校本科教学工作合格评估的通知》（教高〔2011〕2 号），主要是针对新建本科院校开展合格评估。2012 年，教育部颁布《教育部关于全面提高高等教育质量的若干意见》（教高〔2012〕4 号），该意见明确提出要"建立健全教育质量评估制度""开展分类评估""建立五位一体"评估制度等。2013 年，教育部印发了《关于开展普通高等学校本科教学工作审核评估的通知》（教高〔2013〕10 号），开始了新一轮的本科教学工作审核评估，时间为 2014 年至 2018 年。审核评估的重点在于考察学校内部教学质量保障体系运行的有效度，当前新一轮的审核评估工作已经顺利完成。

这一时期，我国大学内部教学质量保障体系建设也取得了一定的成效，如建立组织机构、完善教学质量监测手段、定期发布本科教学质量报告、完善自我评估机制等。有学者对全国 567 所普通本科高校（2015 年）中的本科教学质量保障组织机构进行了统计，并将其归纳为三类：第一类是不设专门的教学质量保障组织机构直接由教务处等职能部门分管，此类高校占 16%，如清华大学等；第二类是在教务处或本科生院之下专门设立教学质量保障组织机构，此类高校占 73%，如四川大学等；第三类是专门设立相对独立的教学质量保障组织机构，此类高校占 11%，如北京林业大学等。① 相关理论研究者对本科教学质量保障的研究也已经从原来的引入企业中的相关理论、解构质量保障构成要素、如何构建质量保障体系等转向了如何测量或者自我评价质量保障体系的运行效果这一操作性问题，理论研究转向也十分明显。

这一时期的本科教学评估活动覆盖了全国不同类型的本科高校，评估过程涉及了教学工作的各个方面。新一轮的审核评估还专门启用了"本科教学状态数据库"，以全面反映高校教学的基本状态。受新一轮审核评估的影响，大学内部质量保障实践活动也在有序开展，并且凸显了大学自身在高等教育质量保障活动中的主体性。具体而言，大学实践工作开始重视对教学质量保障有效性的评价。在这一系列评估活动的推动下，我国逐渐形成了高校全覆盖、过程全覆盖、内外全覆盖、类型全覆的高等教育质量保障体系。虽然目前我国大学内部本科教学质量保障体系建设取得了巨大的成就，但是它主要是在外部本科教学评估活动的"规范引导"下开展的，具有"后发外生性"等特点，② 依然存在着"泛行政化色彩"③。总体来看，质量保障所倡导的持续改进理念和反馈改进机制尚未完全建立，质量保障工作仍停留在经验和制度层面。学校内部尚未形成自觉、自信的质量文化氛围。④

---

① 李国强.高校内部质量保障体系建设的成效、问题与展望[J].中国高教研究，2016(2).

② 李明."后评估"时期高校内部教育质量保障体系建构反思[C].第二届首都高校教育学研究生学术论坛论文集，2011.

③ 方鸿琴.我国高校质量保障体系一般模式构建与质量审计[D].上海：华东师范大学，2011.

④ 李志义,朱泓.以先进的质量保障理念促进本科教育教学综合改革—新一轮审核评估指标体系内涵解析[J].高等工程教育研究，2021(6):75-80.

五、教育教学质量保障发展阶段（2019 年至今）

2019 年，教育部印发了《教育部关于深化本科教育教学改革 全面提高人才培养质量的意见》（教高〔2019〕6 号）明确提出，要"全面推进质量文化建设""完善高校内部质量评价体系，持续推进本科教学工作审核评估和合格评估。"教育部肯定了前期本科教学评估工作的价值。2020 年，中共中央办公厅、国务院办公厅印发的《关于深化新时代教育督导体制机制改革的意见》明确提出，要"建立健全监测制度，聚焦教育质量。"2020 年，中共中央印发的《深化新时代教育评价改革总体方案》强调"推进高校分类评价、突出质量导向、改进本科教育教学评估"等，该文件是引领高等教育教育教学评价改革的重要遵循。2021 年，教育部印发了《普通高等学校本科教育教学审核评估实施方案（2021—2025 年）》，旨在推动高校进行分类评估，提升高校内部质量保障能力。

新一轮的教育教学审核评估总结了上一轮本科教学工作审核评估的经验，在进一步深化"五个度"总原则的基础上，将评估的重心指向高校教育教学工作的深水区。在分类评估的基础上，重点关注建设世界一流大学所必备的"本科教育教学质量保障能力及本科教育教学综合改革举措与成效"。[1] 与此前评估相比较，本轮审核评估的主要不同如下：其一，质量保障内容进一步拓展，从本科教学质量拓展到本科教育教学质量，关注影响高校人才培养质量的各项教育教学活动；这一变化推动高校内部教学质量保障体系建设转向教育教学质量保障体系。[2] 其二，重视"建改结合，以改为重"。例如，强调教育教学现代化

---

[1] 教育部.《普通高等学校本科教育教学审核评估实施方案（2021—2025 年）》[EB/OL].(2021-02-03)[2023-06-04].http://www.moe.gov.cn/srcsite/A11/s7057/202102/t20210205_512709.html?eqid=cf6f247b0002207000000003642e16eb

[2] 李庆丰.高校内部质量保障体系的完型:本质内涵、演进脉络及健全思路[J].国家教育行政学院学报，2023(1):63-70.

综合改革和评估问题的整改[①]，关注质量保障持续改进机制的建立与运行情况。其三，重视质量文化建设。新一轮教育教学审核评估的定位主要取决于对当前质量保障水平和质量文化的判断，突破了以往评估中强化"制度、技术、工具"等硬领域，[②]开始关注质量文化建设，强调在学校内部将提升质量内化为师生员工共同价值追求和行为。其四，评估方式从线下转向线上线下相结合，充分利用数字技术的便捷性，提高评估的工作效率。

这一时期，在外部审核评估的推动下，中国高等教育质量保障体系实现了从依附借鉴到自我创新、特色发展的关键转变。一流大学内部质量保障体系建设也发生了转向，从本科教学质量保障体系建设转向本科教育教学质量保障体系建设。一流大学建设的重点是其内部的质量保障能力与质量文化建设。在新一轮审核评估推动下，有助于进一步引导高校内部构建"自觉、自省、自律、自查、自纠"的"五自"质量文化，形成中国特色、世界水平的高等教育质量保障体系，以促使我国在国际舞台上宣传本科教学评估的中国方案、中国标准和中国模式。

---

① 别敦荣.新一轮普通高校本科教育教学审核评估方案的特点、特色和亮点[J].中国高教研究，2021(3):7-13.

② 赵婷婷.大学质量文化：从合格质量转向创新质量[J].教育研究，2023(4):137-147.

第二节

我国一流大学教学质量保障的发展现状

党的二十大报告强调："全面提高人才自主培养质量，着力造就拔尖创新人才。"[1] 中国特色一流大学作为高等教育发展的排头兵与领头羊，应自觉肩负为党育人、为国育才的光荣使命，把一流本科教育放在人才培养的核心地位。教学质量保障是保障和提高教育教学质量的重要途径。在经过第一轮本科教学工作审核评估之后，制定教学质量标准、建设质量保障体系的要求受到了各类高校的重视。2021 年，教育部颁布的《普通高等学校本科教育教学审核评估实施方案（2021—2025 年）》明确指出，"要确保人才培养中心地位和本科教育教学核心地位""建立健全中国特色、世界水平的本科教育教学质量保障体系"，并将"考察建设世界一流大学所必备的质量保障能力即本科教育教学综合改革举措与成效"作为第一类审核评估的重点。[2]

在两轮审核评估的推动下，中国特色一流大学的本科教育教学质量保障体系发展现状如何？是否具备了世界一流大学的保障能力？针对上述问题，本研究选取 35 所一流大学 2021—2022 年度的《本科教学质量报告》作为研究样本。然后，以本科教育教学审核评估中有关质量保障能力的五个主要维度作为依据

---

[1] 习近平.高举中国特色社会主义伟大旗帜 为全面建设社会主义现代化国家而团结奋斗——在中国共产党第二十次全国代表大会上的报告 [EB/OL](2022-10-25)[2023-06-14]. https://www.gov.cn/xinwen/2022-10/25/content_5721685.htm

[2] 中华人民共和国教育部.教育部关于印发《普通高等学校本科教育教学审核评估实施方案（2021—2025 年）》的通知 [EB/OL](2021-02-03)[2023-06-04].http://www.moe.gov.cn/srcsite/A11/s7057/202102/t20210205_512709.html?eqid=cf6f247b0002207000000003642e16eb

对我国一流大学的教学质量保障现状进行分析，即质量保障理念、质量标准、质量保障机制、质量文化、质量保障效果。

一、质量保障理念的发展现状

质量保障理念是构建科学有效的教学质量保障体系的前提。高等教育高质量发展阶段，"必须以新发展理念为引领，形成高等教育提质创新的新发展格局"[①]。新一轮审核评估采用"以学生为中心、产出导向、持续改进"的质量保障理念促进本科教育教学综合改革。其中，"以学生为中心"是指学校教育教学工作围绕学生发展开展，指明了本科教学质量保什么的问题。相关研究指出，学生中心的质量保障理念包括学生发展、学习经历、学生参与、学习成果等内容。因此，"以学生为中心"的质量保障理念主要反映在学校的教育理念、办学理念、人才培养理念、教学理念等关键环节。"产出导向"是指教学设计与实施是围绕学生学习成果开展，而要实现学生学习成果目标的达成需要解决"五个度"。"产出导向"保障理念主要反映在资源配置方式、质量保障过程等环节。"持续改进"是指在质量保障过程中要建立"评价—反馈—改进"的质量保障闭环，推动学校教学质量的不断提升。持续改进的关键是在此过程中激励师生员工参与质量建设的积极性，并在此过程中形成自觉、自省、自律、自查、自纠的质量文化。

（一）学校有明确的质量保障理念

根据文本分析发现，一流大学有明确的本科教学质量保障理念，强调"以学生为中心、产出导向、持续改进"的质量理念，并将其贯彻于学校发展中。学校能根据自身的办学定位确定明确的战略发展目标。其中，共性目标是建设"中国特色、世界一流"大学，并为实现这一战略目标制定了"三步走"战略，

---

① 李庆钧.基于"以学生为中心"理念的高校教学质量保障体系研究 [J].扬州大学学报 (高教研究版)，2021(4):1-7.

明确"三大使命"等。例如，重庆大学确立了"树西南风声、创一流大学"的办学理念。武汉大学在实践中形成了"人才培养为本，本科教育为根"的办学理念。上海交通大学提出了建设"综合性、创新型、国际化"的世界一流大学办学目标。在明确大学发展战略目标的前提下，部分大学提出要加快建设"中国特色世界一流的本科教育"。例如，华中科技大学在实践中将"一流教学、一流本科"作为主要建设目标，以提高人才培养质量。从人才培养理念看，在学校教育理念的引领下，相关学校形成了"德""才""能"融合的人才培养理念。例如，中国农业大学树立了培养"德才兼备、全面发展、通专平衡、追求卓越"的人才培养理念。从教学理念看，中国海洋大学以"学生学习效果"为核心，北京大学的教学理念则是"理论为本、内容为王、问题导向、形式创新"。总体来看，一流大学的教育教学质量保障理念扎根中国大地，既具有一定的先进性，又符合本校的发展定位，能在质量保障实践中发挥导向作用，推动高校开展本科教育教学改革实践，提升教育质量。

（二）以产出为导向的质量保障理念尚未有效落实

经过第一轮审核评估，学校内部的教学资源、办学条件等资源支持要素不再是质量保障建设的首要任务。有研究者将传统的以输入和过程为中心的质量保障模式称为"资源模式"。[①] 在实践中，"资源模式"仍是学校内部的主流质量保障模式，例如，教学状态数据等主要是反映学校的办学条件、资源投入等数据。以学生学习产出为中心的质量保障理念在实践中仍尚未有效落实。学校主要是通过自上而下的方式组织教学活动实施、开展教学质量管理，传统的科层制的教学质量管理理念仍占据主导地位。部分学校在教学质量评价中较多地关注教师教的质量，而对学生的学习体验、学习质量等关注较少。在关涉学生发展的关键环节，例如，人才培养方案制订、课程教学大纲修订、课程计划安排

---

① 李志义，黎青青. 学生学习产出评价：美国高校的做法与启示 [J]. 高等工程教育研究，2023(2):6-13.

等环节学生较少参与其中。另一方面，学校并未设定以学生关键能力为产出导向的课程体系，仍然是以学科知识逻辑设置课程体系、配置各项资源、开展教学评价。究其根本原因是学校的质量保理念受外部由政府主导的教育评估理念的影响，具有典型自上而下的外源性特征，而非源自自下而上的主体性建构。

二、教学质量标准的发展现状

"质量为王，标准先行，使用为要。"在本科教学质量保障活动中，质量标准是质量保障有效运行的基本前提与根本依据。2018 年，教育部颁布了《普通高等学校本科专业类教学质量国家标准》（下文简称"国标"），对建设中国特色、世界水平的高等教育质量标准具有标志性意义。"国标"在本科教育质量保障实践中发挥"以标促改、以标促建、以标促强"的作用，与"一流本科、一流专业、一流人才"建设紧密结合在一起，规范专业人才培养的教学行为，推动一流大学提升其办学水平与教育教学质量。

（一）专业教学质量标准较为明确

上一轮审核评估鼓励高校"用自己的尺子量自己"，明确了学校自我标准设计与制定的重要性。质量标准是评估的尺子，要求学校必须做好顶层设计与规划。一流大学根据"国标"，结合自身实际，明确了专业教学质量标准，制定与完善了对各环节的教学质量标准。总体来看，学校的教学质量标准侧重于宏观和中观层面的规范性制度设立，例如，教学条件标准、管理标准相对较为完善。[①] 但是，在具体的微观教学过程与教学实践环节的教学质量标准不够完善，例如，教学过程质量标准、产出导向的质量标准等方面的建设与完善仍有待提升。还有部分学校的教学质量标准与学校的办学定位、发展特色、培养目标等

---

① 董垌希.本科教学审核评估对高校内部质量保障体系建设的启示 [J]. 现代教育管理，2019(6):56-59.

仍存在一定的差距。质量标准的表述缺乏科学性与合理性，质量标准较为笼统没有具体细化。同时，部分大学还存在质量标准的模仿与借鉴行为，导致质量标准难以在基层有效落实。[①]

（二）教学过程质量标准有待完善

学校教学质量标准涉及本科教学的全过程，包括培养目标、资源支持、教学过程、教学管理、教学结果等内容。具体而言，教学过程质量标准主要是从课堂教学、实践教学、教学改革等关键环节进行设计，其中课堂教学环节的质量标准包括课堂教学大纲修订、教案设计、教学内容、课堂教学方案、学生学习结果评价等要素；实践教学环节的质量标准包括实践教学体系、实习、见习、研习、毕业论文与设计等要素。研究表明，学校建立了覆盖全过程的教学质量标准，但是教学过程质量标准的完善性有待进一步提高。[②]例如，相关学校明确指出，在未来改进中"要建立完善的课程标准，进行统一管理""要不断完善线上教学质量标准""改革课程考核评价方式，建立全过程形成性考核评价体系""分类制定实践教学标准"等。在课堂教学环节，教师尚未理清课堂教学活动标准、课后作业标准、学生评价标准与专业教学质量标准之间的关系，将课堂教学目标与教学质量标准同一化，增加了教学评价与管理的随意性。

（三）教学质量标准对利益主体回应度不高

质量标准是全体师生员工共同遵循的行为准则。因此，在制定教学质量标准时要充分考虑教师、学生等内部利益主体的利益诉求。除此之外，社会作为人才培养质量的直接检验者与反馈者，对学校专业人才素养有明确的要求。政

---

① 董坰希. 本科教学审核评估对高校内部质量保障体系建设的启示 [J]. 现代教育管理，2019(6):56-59.

② 许祥云. 高校内部本科教学质量标准：概念界定与体系构建 [J]. 清华大学教育研究，2018(3):58-66.

府作为高等教育的举办者和监管者是国家专业教学质量标准的制定者。学校教学质量标准的制定还要满足社会、政府对高校办学的基本要求。但是，在实践中，教师和学生在教学质量标准的制定环节参与度有限，教师参与的积极性不高，学生的参与主要是体现在评教环节。针对毕业生追踪的社会评价环节尚未有效落实到人才培养方案修订以及具体的教育教学实践过程中。

三、质量保障机制的发展现状

科学合理的教学质量保障机制是提升本科教育教学质量的关键所在。具体而言，本科教学质量保障机制包括完善的校院两级教学质量保障、质量监控体系、质量评价机制、质量反馈与改进机制。

（一）校院两级教学质量保障体系不健全

各大学根据外部评估要求，结合自身办学定位构建了符合本校发展特点的教学质量保障体系，且能规范有序的运行。例如，中国农业大学在"学为中心，关注成长"的质量保障理念下，建立了"内外双循环"的质量保障体系。西北农林科技大学形成了"一本（学生为本）、二观（全面质量观和教学发展观）、三全（全院参与、全程监控、全面评价）、四位一体（决策、监控、评价、反馈）"的闭环教学质量保障体系。厦门大学在"以学生为中心、产出导向、持续改进"的质量保障理念下，构建了持续完善的教学质量保障体系并且融入了数字化的相关内容等。吉林大学构建了"学院、学校双循环"的教学质量保障体系。整体来看，各大学围绕人才培养中心地位，在质量保障理念的指导下，有效地开展顶层设计，构建了较为完善系统的教育教学质量保障体系。

二级学院是承担人才培养根本任务的主要单位，其教学质量直接影响着人才培养质量。因此，教学质量保障体系的有效运行离不开二级学院的支持。研究发现，仅有部分学校明确建立了院系教学质量保障体系，例如，吉林大学建立了"学院、学校双循环"的教学质量保障体系。但是，仍有一些大学的二级学院不能根据自身专业特点，结合专业教学质量标准制定适合自身发展的院系教学质量保障体系，进而导致学院在教学质量保障中存在"落实不到位"等问题，影响学校整体教学质量保障运行效度。

（二）教学质量监控队伍质量有待提升

学校建立了常态化的教学质量监控体系，具体包括教学质量监控机构、专任教学质量监控队伍、质量监控标准、质量监控内容等。学校设有专门的教学质量监控机构，明确了监控部门的主要职责，主要是开展日常的教学巡视检查、进行信息收集与反馈、保证正常的教学秩序、消除日常教学事故。但是，在实践中教学质量监控主要是停留在学校层面的监控和管理部门，学院落实质量监控主体意识淡薄。另一方面，质量监控机构与学校、院系等相关职能部门之间仍存在职责模糊不清、相互推诿、不同部门之间协同参与意识不强等问题。

从其质量监控队伍来看，学校有专职教学质量监控人员，有校院两级的教学督导队伍，虽然部分学校将院系负责人、教师和学生也纳入教学质量监控队伍中，确保多元主体参与教学质量监控。实际来看，大部分学校的教学监控队伍仍存在如下问题：专职教学质量监控人员数量不足，教师和学生等教学主体的参与程度有限，教学督导队伍数量不足，多是以退休教师返聘为教学督导，人员结构不合理。上述问题导致质量监控队伍在教学质量监控与反馈作用有限。

（三）建立了合理的教学质量评价与反馈机制

教学评价是规范教师教学行为、提高教学质量、推动教学改革的重要手段，具有"诊断、反馈、改进、激励等功能"[1]。完善有效的教学质量评价机制能推动大学不断进行自我检视，促使大学教学活动正常运转。当前，大学内部建立了以督导听课、学生评教、同行评价、教学检查、院系自我评价、第三方评价、

---

① 刘卓.建立健全新发展阶段高校教学评价体系 [J].中国高等教育，2022(8):54-55.

毕业生追踪反馈等为主的教学评价制度，主要是针对教师教学质量和学生学习效果进行价值判断，旨在提高学校教学质量和人才培养质量。例如，西北工业大学和天津大学都形成了"评价—引导—反馈—提高"的教学评价机制。同时，部分学校在疫情防控期间，充分利用数字技术构建"教学管理与服务平台"，其主要目的是为了保证"停课不停学，停课不停教"，确保学生在疫情防控期间的学习质量不受影响。疫情防控期间，有部分学校专门出台线上教学质量保障措施，探索线上教学质量评价方式等。例如，北京大学构建了校内教学质量大数据系统，中国农业大学构建了数字化教学全过程分析与教学质量监控体系，哈尔滨工业大学以"一数一源"标准构建了科研数据与教学数据的分级分类。数字化教学质量的监控与评价能够获取全面的教学评价数据，提高教学评价的客观性、系统性与科学性。

总体来看，学校教学质量评价注重评价主体的多元化，部分大学将第三方评价纳入，以结果为导向推动学校进行教学改革。从其评价内容来看，主要是针对教师教学行为开展的评价，"具有明显的理性化、标准化、权威管理的色彩"[1]。评价过程中注重师德师风、教书育人价值导向，体现了学校能将"立德树人"成效作为检验学校工作的根本标准。另一方面，学校能够通过质量反馈机制及时将质量评价结果反馈给相关部门与有关教师；学校能将反馈结果应用到人才培养工作的决策与改进中，为教学部门开展人才培养工作以及资源支持部门提供支持保证提供依据。

（四）有健全的教学质量持续改进机制

质量改进是教学质量保障的重要环节。朱兰指出，"改进是指产品性能超过了过去任何一个时期，达到了一个新的水平。"[2]质量持续改进机制是对质量监

---

① 刘强.论我国高校教学质量保障体系价值理念与行为模式的重构[J].江苏高教，2018(2):12-17.

② 杨小微，张权力.教学质量改进的再理解与再行动[J].课程.教材.教法，2016(7):17-24.

控中发现和反馈的问题进行及时整改，以达到解决问题提升教育教学质量的目的。质量改进的主要内容涉及人才培养质量以及与之有关的教育教学工作质量。研究发现，一流大学基本建立了持续改进的质量闭环机制。例如，天津大学落实"常态化持续改进跟踪机制"。大连理工大学构建了成果导向的持续改进机制，通过"评价—反馈—改进"促进专业建设水平提升。郑州大学建立了"质量信息收集、分析、反馈、改进机制"。兰州大学建立了"监控—评价—反馈—改进"全闭环的保障体系。不难看出，质量改进机制遵循了戴明的"PDCA"循环理论，体现了连续性、问题导向性等特征。但是，教学质量的持续改进机制是从科层式的管理视域出发，以教学管理的规章制度作为持续改进的切入点，仍有部分学校在持续改进环节对以学生发展为核心的保障理念落实不到位。

四、质量文化的发展现状

质量文化是完善本科教学质量保障的核心策略，是质量保障体系克服诸多发展困境的力量支撑，是保障与提升教学质量的价值旨归。面对以教学评估为主的"质量问责"失灵现象，大学质量文化建设成为必然趋势。2018年，教育部在"高教40条"中首次提出"大学质量文化"概念，为大学加强"五自"质量文化建设，完善中国特色、世界水平的高等教育质量保障体系奠定了基础。[①]质量文化是一种提升质量的组织文化，是大学内部师生员工等利益相关者从心理和文化层面认同质量，"并在行为上从制度约束转化为行动自觉"。[②] 质量文化主要包括两个方面："一是面向质量的文化层面或心理层面的一致认可的价值观、信仰、期望和承诺；二是具有清晰过程的结构或管理成分，旨在提升质量和协调个体的努力。"[③]

---

① 韩延明. 新时代大学质量文化探要 [J]. 中国高教研究，2022(9):32-37.
② 邬大光. 高等教育：质量、质量保障与质量文化 [J]. 中国高教研究，2022(9):18-24.
③ 张应强. 高等教育质量建设：创新体制机制与培育质量文化[J]. 江苏高教，2017(1):1-6.

（一）学校重视内部质量文化建设

　　大学质量文化建设是推动高校高质量发展的主要途径，其核心围绕一流人才培养这一根本问题。在上一轮审核评估的推动下，各大学认识到要不断增强质量文化建构的主体意识。研究分析发现，一流大学能围绕学校办学定位与人才培养目标着力推动质量文化建设，例如，哈尔滨工业大学以"追求卓越"理念营造质量文化氛围；天津大学在推进质量文化建设时，既有刚性的质量管理制度，又有柔性的价值建设，旨在积极引导教师潜心教书育人。重庆大学开展了教学质量文化建设。其中，教学质量文化"是大学师生对教学活动的文化自省、文化自尊、文化自律和文化自信"[①]，主要包括在教育教学活动中形成的校风、教风、学风以及治理文化等。总体来看，大学内部质量文化建设遵循"立德树人"的根本任务，有良好的校风、教风和学风，且质量文化能在一定程度上反映大学的历史积淀与自身的精神追求。

（二）质量文化内化于心与外化于行的情况有待提升

　　质量文化的培育与建设是一个长期缓慢发展的过程。约克指出，"当质量文化面对利益相关者需求，并有明确的机制支持全体成员努力实现整个组织对质量持续改进的承诺时，该机构就形成了质量文化。"[②] 新一轮审核评估强调的"五自"质量文化旨在推动高校树立质量意识，将"质量意识、质量标准、质量管理"等有效落实到教学环节，内化为学校师生主体的共同价值追求和自觉行动。一流大学在推动质量文化建设过程，仅有一部分学校能将质量文化理念有效落实在教学育人的各个环节。例如，西北工业大学能"将质量文化有效融入所有育人环节'末梢'"。但是，仍有大部分学校尚未在其内部形成一致的质量文化共识。例如，中国农业大学虽然质量文化建设取得一定成效，但是人人重视教学、

---

① 韩延明. 新时代大学质量文化探要 [J]. 中国高教研究，2022(9):32-37.

② 宋欣雄. 高等教育质量文化：独特性与解释力 [J]. 教育学术月刊，2022(11):18-24.

自觉提升教学质量、质量保障标准内化于心、落实"以学为中心"的教学理念等尚未真正建成。

五、质量保障的效果分析

新一轮审核评估有效延续了上轮审核评估的内容，继续审核"培养目标达成度、社会需求适应度、师资和条件保障度、质量保障运行效度、学生和用人单位满意度"。研究发现，一流大学在师资和条件保障、质量保障运行效度、学生和用人单位满意度方面效果较为明显。

（一）在师资和条件保障方面具有明显优势

一流大学的师资力量较为雄厚，师资队伍结构不断优化，整体师资水平平稳有序上升且能为本科教学正常运行提供有力的师资保障。与此同时，学校在加大教师本科教学投入方面建立了相应的政策支持措施，例如，建立教师发展支持机制、提供教师培训平台、设立专项资金投入、开展专门教学能力培训、鼓励并有效落实教授本科生上课制度等。但是，教师有效投入教学、开展教学改革，通过科教融合的方式致力于本科人才培养等仍显不足。

（二）质量保障运行效度较好

学校在外部评估导向下，不断建立健全内部教学质量保障体系，提升自身质量保障的主体责任意识，明确了质量保障"保什么""谁来保""如何保"等基本问题。同时，学校都建立了明确的教学质量标准，对教学质量的主要环节进行有效的监控，及时发现问题并针对性地改进，形成质量保障持续改进闭环机制。在开展质量保障实践活动中，能有序开展质量文化建设，鼓励师生在教学及实践活动中形成质量文化意识。

（三）学生和用人单位满意度较高

从学习、课堂教学、支持与服务等方面对在校大学生学习满意度进行调研显示，学生的学习满意度较高，对教师教学评价整体较高，对学校学习环境以及相关支持服务的满意度整体较高。另一方面，相关学校都较为重视用人单位的评价，结果显示用人单位对毕业生质量整体满意度较高，在对毕业生的相关专业知识、行业知识、综合素养以及道德品质方面的评价也较高。这从侧面印证了培养目标的达成度较高，能够满足用人单位的需求，有一定的社会适应度。

第三节

我国一流大学教学质量保障的主要特征

目前，本科教育在一流大学发展过程中的基础性地位已经形成了一致共识。本科教育与一流大学的发展密切相关，它既是学校培养高层次专门人才的基础，又是学校声誉与品牌的重要载体。[①] 正如康奈尔大学校长鲁兹所指出的"公众是通过本科教育直接认识大学的，研究型大学的成败与否完全系于本科教育"。[②]

一、一流大学本科教育的基本特征

纵观国外世界一流大学的发展历程发现，重视本科教育是它们立足于世界前列的基石。可见，世界一流大学的发展离不开一流的本科教育，尤其是其人才培养质量、办学水平以及社会贡献等目标的实现离不开一流本科教育的有力支撑。具体而言，一流大学本科教育教学的特征主要体现在以下两方面。

（一）人才培养的精英性和基础性

教学工作是学校工作的中心，明确的办学定位、合理的学校人才培养目标，是本科教学工作顺利开展的内在依据。刘献君教授将大学的办学定位划分为以下三个层面：整个社会系统的大学定位、整个高等教育系统的大学定位和各要素在大学发展中的地位。[③] 办学定位关系着学校发展方向、奋斗目标等根本性问

---

① 陈治亚，李建东. 本科教学质量是一流大学建设的基础 [J]. 中国高校科技，2017(1).

② 李晓红. 回归人才培养本位 加快"双一流"建设步伐 [J]. 中国大学教学，2016(5).

③ 刘献君. 论高等学校定位 [J]. 高等教育研究，2003(1).

题，贯穿学校发展的全过程。在中国特色社会主义新时代，我国高水平研究型大学在整个高等教育系统中的定位是"中国特色、世界一流"。这一办学定位既受到了政府政策的影响，同时也兼顾了大学定位中的"自主性要素和市场性要素"①。具体而言，新时代一流大学的办学定位既要符合国家、社会、市场的教育诉求，又要结合学校发展实际，还要遵循高等教育发展的基本规律。

本科人才培养目标是本科教育的工作方针，它是根据学校的办学定位以及发展目标，并结合时代发展与社会需求确定的。一流大学致力于"以高深知识为基础的精英本科教育"②，体现了精英教育质量观和通识教育质量观等。与其他类型的大学相比，一流大学的本科人才培养目标具有一定的示范与引领作用，它"更多的是一种基础性的、以全方位能力培养为导向的教育，为高端人才的成长奠定基础的教育"③。

一流大学将培养拔尖创新人才、卓越型人才作为其培养目标。有研究者对我国 42 所一流大学的人才培养目标进行了文本分析。研究发现，我国一流大学对拔尖创新人才的培养既注重全面发展与个性发展相结合，又强调"拔尖创新与强化爱国担当相结合"。④ 这与国家开展的拔尖创新人才培养实践探索具有高度的契合性。2009 年，教育部启动了"基础学科拔尖学生培养试验计划"（简称"珠峰计划"）。随后，教育部联合 13 个部门实施卓越教育计划，被称为"拔尖计划 1.0"，其培养了大批培养卓越工程师、医生、教师等卓越人才，为经济社会发展提供了重要人力智力支撑。2019 年，教育部全面实施"六卓越一拔尖"计划 2.0，全面推进新文科、新工科、新医科、新农科（"四新"）建设，在全国

---

① 上海市教育评估院.重点建设大学教育评估指标体系研究[M].北京:高等教育出版社，2014:53.

② 戚业国.高校内部本科教学质量保障体系建设的理论框架[J].江苏高教，2009(2):32.

③ 周叶中.人才培养为本 本科教育是根——关于研究型大学本科教育改革的思考[J].中国大学教学，2015(7).

④ 雷全火,黄敏.中国拔尖创新人才培养：实践、困境、优化——基于中国部分一流大学人才培养实践的研究[J].上海师范大学学报(哲学社会科学版),2022(4): 126-135.

高校掀起了一场"质量革命"。2020年，教育部在全国36所高校试点实施"强基计划"，将拔尖创新人才培养推向了新的高度。不难发现，拔尖创新人才培养是我国未来较长时间段内人才强国战略的核心内容，而这项重任则主要承担者则是由一流大学。[①]

（二）本科教育教学活动的研究性

大学的根本任务是进行人才培养，并且教学、科研和社会服务等基本职能主要是围绕人才培养这一根本任务开展的。在一流大学中，本科教学和科学研究是实现人才培养目标尤其是拔尖创新型人才培养目标的必要条件，两者之间具有内在的一致性，是一种互动共生、相互融合、相互促进的关系。因此，一流大学既要重视本科教学在人才培养工作中的中心地位，又要构建以科学研究为基础的本科教学体系[②]，促进教学与科研的融合。

教学与科研的融合是我国一流大学的必然发展趋势。其中，基于实践的研究性教学是以科学研究为基础的本科教学体系的核心。具体而言，研究性教学是指学生在教师的组织下积极思考、主动探究、自主实践的一种教育教学活动，它既是一种先进的教育教学理念，又是一种具体的教学和学习方式，旨在培养学生的实践能力、探究意识以及创新精神等。研究性教学作为一流大学本科教育的重要特质，它实质上体现了"教学学术"（scholarship of teaching）的思想。换言之，就是将本科教学活动提升到了科学研究的层面并赋予其学术研究的身份，希望通过科学研究来提升本科教学水平，进而提升本科教育教学质量。同时，在教学活动中，教师既能够传递学术知识，也能够不断地改造和扩展学术知识，进一步丰富和完善科学研究。在教学活动中，教师一般是通过探究式、

① 雷金火,黄敏.中国拔尖创新人才培养：实践、困境、优化——基于中国部分一流大学人才培养实践的研究[J].上海师范大学学报(哲学社会科学版),2022(4):126-135.

② 马廷奇.研究型大学本科教育的定位与教学改革方略[J].武汉理工大学学报(社会科学版),2009(3).

启发式、互动式的教学形式培养学生严谨的思辨能力和批判的思维方式，这是一流大学提升本科教学质量、保持精英教育标准的特有教学模式。[①]

舒尔曼等学者对"教学学术"思想又进行了进一步扩展。他认为"教学学术"应该体现在"教"和"学"两个方面，即教师应该对"教"和"学"两个方面的问题进行系统探究。[②]就"学"的方面而言，体现了学生在学习过程中的自觉性和主动性。一流大学中的学生不再是被动的知识接受者，而是学习活动的主动探索者，他们掌握着学习的主动权，能够根据自己的学习兴趣自主选择学习内容，通过探究性学习、合作性学习、自主性学习等不同的学习形式主动参与到教育教学活动中，不断积累知识、改进学习方式、发展自身能力等。除此之外，一流大学丰富的教学资源、优质的教学设施、浓厚的学术研究环境等还为研究性教学活动提供了重要的条件支持。

二、一流大学教学质量保障的特征

一流大学的本科教学质量保障与其他类型大学的本科教学质量保障具有一些共性特征。例如，质量监控的全过程性，质量保障活动的全员参与性，内外部质量保障的长效衔接性等。此外，与其他类型大学相比我国一流大学的本科教学质量保障还具有如下特征。

（一）教学质量保障目标具有精英性

与其他类型的大学相比，一流大学的本科人才培养目标具有一定的示范与引领作用。因此，一流大学的人才培养目标决定了其本科教学质量保障目标也具有一定的精英性。正是区别于其他类型大学的这一精英性决定了一流大学本科教学质量保障活动的学术性及其资源支持条件的丰富与多样性。

---

① 刘智运.研究型大学应创办一流本科教育 [J].教学研究，2009(1).

② 朱炎军.大学教学学术研究：缘起、进展及趋势 [J].开放教育研究，2014(2).

（二）教学质量保障资源优质且丰富

与其他类型的大学相比，一流大学的教学资源投入相对来说较为充足，主要表现为：大量的教学经费投入、优质的教师队伍、高水平的教学质量、优质的课程资源、多样化的实践实训基地等，这些是保证本科教学质量保障活动有序开展的物质基础。其中，教学经费是保障本科教学中心地位的重要基础，教学经费投入量会直接或间接的影响学校的教育教学质量。而教师是教学过程中的重要影响因素，其素质的高低直接影响着学校的教学质量。有研究表明，国内外一流大学都十分重视对师资队伍建设资金的投入，但在我国，"新建本科院校的教师经费投入情况并不乐观"①。同样地，以教师的教学水平为例，有调查研究显示，一流大学的学生对教师教学水平的认可程度要高于新建本科院校。这些优质且丰富的教学资源条件是一流大学本科教学质量保障活动与其他类型大学的区别，直接影响着一流大学人才培养目标的实现程度。

（三）教学质量保障活动兼具学术性和服务性

1.质量保障活动的学术性

从历史角度看，教学科研融合的命题是随着大学职能的扩展与延伸而出现的。高校内部的科研与教学融合经历了洪堡时期的"教学与科研相结合"理念、吉尔曼"科教共同体"的创新性传承以及欧内斯特·博耶"教学学术"的发展三个阶段。早期研究主要是从大学理念、高等教育哲学维度探讨大学内部科研与教学融合的合理性与合法性。雅思贝尔斯指出，研究作为大学的基本任务其积累与创新离不开人才培养的基本工作——教学。伯顿·克拉克（2001）指出，"教学与科研本质上是兼容的"，其融合的本质在于其逻辑起点统一于人才培养。

---

① 张学敏,贺能坤.本科教学评估指标"教学经费"构成研究[J].中国大学教学,2007(11):76.

由于研究性教学是一流大学本科教育的重要特质，因此一流大学在"教学与科研相统一的资源配置模式"[①] 中有着天然的优势，它能够集合科研优势快速地将其转换为教学内容进行人才培养。这种前沿的、优质的科研资源不仅能够转换成优质的教学资源，还能够为学生积极参与科研活动、了解学科前沿动态提供更好的途径。同时，一流大学的这种学术性也决定着其本科教学质量保障活动的建设离不开学术力量的参与支持，即学术力量与行政力量一起共同发挥作用，以保证一流大学本科教学质量保障活动的顺利运行。

2. 质量保障活动的服务性

前文我们已经对本科教学质量保障活动的发展历程进行了梳理，并分析了本科教学质量保障的共同治理过程。其中，服务性是本科教学质量保障的一项重要原则。在实践中，本科教学质量保障突破了传统质量管理活动中过分注重管理的特征，本着"服务教学活动"的原则开展活动[②]，具体体现在如下两大方面。

其一，为教师教学活动和学生的学习及其发展提供服务与支持。一流大学具有丰富的教育教学资源支持其进行教育教学改革。例如，为鼓励教师参与教育教学活动，学校会加大教学投入力度，设立专门的教师教学服务中心为提升教师教学能力提供支持，改进教师教学评价体系，进行人事制度改革等。同时，教育教学活动的研究性还促使一流大学的教学模式从传统的以"教师、课堂、教材"为中心向以"学生、学习、学习过程"为中心转变。这种"以学生为中心"的教育理念，强调在教学质量保障活动中要注重学生的学习过程为其提供学习

---

① 李国强.高校内部质量保障体系建设的成效、问题与展望[J].中国高教研究，2016(2):1-11.

② 汤俊雅.我国一流大学本科教学改革与建设实践动向[J].中国高教研究，2016(7).

服务，并以学生的学习结果作为教学质量评价的重要依据等。[①]

其二，一流大学还通过教育或教学质量信息公开等手段，为学校外部的不同利益主体（社会公众、学生家长、用人单位等）提供服务。这既有助于缓解学校、社会公众、政府等不同主体之间的信息不对称等问题[②]，同时，也为社会公众进行质量问责、监督与评价等提供了有效依据。

---

① 杨彩霞,邹晓东.以学生为中心的高校教学质量保障：理念建构与改进策略[J].教育发展研究，2015(3).

② 唐霞.浅析英国高等教育质量保障的服务性功能——以英国教学质量信息网和全英学生民意调查为例[J].教育研究，2007(12).

第四节

本章小结

　　本章主要是采用文献研究法和质性分析法对一流大学本科教学质量保障的发展历程、实施现状、主要特征进行了研究。在外部本科教学评估的推动下，一流大学教学质量保障的发展经历了五个阶段分别是：以评估为主的积极探索阶段、聚焦教学质量提升阶段、教学质量保障初步建设阶段、教学质量保障不断健全阶段、教育教学质量保障体系发展阶段。接着，对我国35所一流大学最新年度的《本科教学质量报告》进行质性分析，从质量保障理念、质量标准、质量保障机制、质量文化、质量保障效果五个方面分析了一流大学的发展现状。

第四章
国外一流大学教学质量保障
有效性比较分析

质量与质量保障不仅是我国高等教育改革与发展的核心问题，在国外也同样备受关注。不同国家的质量保障形式都会受到其高等教育管理体制的影响，所不同的是各国乃至同一国家内不同大学的本科教学质量保障形式也不尽相同。在长期实践中，欧美等发达国家逐渐形成了各具特色的本科教育质量保障机制，并呈现了多样性和复杂性等特征。本章旨在从发展历程、运行机制、实践特点三个方面对英国、法国、美国三个国家的本科教学质量保障进行比较分析，以期有助于我国一流大学本科教学质量保障体系建设。[①]

---

① 注：本章同时出现"本科教育质量保障"和"本科教学质量保障"两个概念，前者包括内部和外部是从整体上进行介绍，在文中直接呈现，而后者则是专指学校内部的本科教学质量保障，将其简称为"教学质量保障"。

第一节

英国大学教学质量保障有效性分析

英国作为世界上高等教育历史最悠久的国家之一，其大学素有高度的自治传统，并且大学的教育质量主要是以学校内部的自我管理为主，很少接受外部监督与评价。然而，在实践中英国大学本科教育质量保障却经历了注重学校内部质量保障（质量自治）到强化外部质量保障的转变（坚守质量自治与寻求合作）再到以内部质量保障为主、内外部质量保障相融合（以自治为主，内外结合）的深刻变革。在这一发展过程中，英国大学的自治传统始终发挥着重要作用。

一、英国大学教学质量保障的发展历程

（一）质量自治阶段（中世纪大学）

英国大学的教育质量主要由教授个人或者学术共同体进行自我管理，如学位授予和学术标准制定等，这与英国大学固有的自治传统密不可分。直到 20 世纪中期，其大学内部质量保障体系还遵循着大学自内而外自主建构的原则。[①] 此时，英国大学的教育质量是由其自己负责的，主要是靠其内部自律而不受外界的任何干预和影响。

在不断的发展过程中，英国大学逐渐建立了一套系统的质量管理机制来确保其自身的教育质量。例如，职业资格制度、学生学业考试、同行评价等，这

---

① 张珊珊.英国高校质量文化与内部质量保障机制研究——以伦敦大学学院(UCL)为例[J].教育与考试，2013(1):85.

些都是古典大学管理质量问题时常用的手段。[①]

其中，职业资格制度是对完成学业并通过考核的学生授予证书的一种制度，既是教师行会对其职业标准的一种保护制度，也是大学内部最早的质量保障制度。学业考试制度则是与英国社会一直以来秉持的精英教育理念相匹配，因为英国的学者和政治家一致认为，"廉价的教育会对标准构成威胁"，[②] 因此他们认为对进入大学的学生进行筛选是控制学校教育质量的关键环节。校外评审员（external examiner）是一种特殊的同行评价制度，其是聘请校外专家对学生的学习、学校办学资质以及专业课程等进行评审和认定，然后出具书面报告，并提出改进的意见与建议。随后，这种评价方式在大学间广为流传，成为学校内部质量保障的重要制度之一。时至今日，上述这些传统的质量管理方式仍在现代大学的质量管理活动中发挥着重要作用。总体来看，这一时期英国大学内部质量保障的运作主要是依赖其文化机制。

（二）坚守质量自治与寻求合作阶段（19世纪中期至20世纪末）

19世纪中叶，工业革命敲开了英国社会的大门，促使英国社会结构发生了一系列的变化。由于社会发展对科学研究的迫切需求，致使英国古典大学以古典学科为主的教育模式受到了社会舆论的抨击。此时，英国政府开始介入高等教育领域，并"以皇家委员的三次调查行动敲开了英国高等教育的改革之门"。[③]于是，古典大学开始根据外部的社会需求进行内部教育教学和质量管理改革，以保证其内部的教育教学质量符合外部社会需求。从这个意义上讲，外部力量对大学教学管理事务的介入，迫使英国大学内部以自律为主的质量保障体系面

---

① 苏永建.高等教育质量保障的历史演进、全球扩散与发展趋势[J].高等教育研究，2017（12）:2.

② 田恩舜.高等教育质量保证模式研究 [D].武汉：华中科技大学，2005:82.

③ 赵幸.制度性大学的历史发展对我国创建世界一流大学的启示——以牛津大学为例[J].现代教育管理，2017（12）:29.

临着严峻的挑战。这一时期英国大学的质量管理方式仍然是以注重内部质量保障为主，但是也呈现出主动寻求外部支持的倾向，总体来看是处于注重内部质量保障到强化外部质量保障的过渡时期。

20世纪中后期，英国高等教育的入学率不断增长，高校学生规模迅速扩张。英国于1964年成立了针对多科技术学院的国家学位委员会（CNAA）。该委员会通过对多科技术学院师资、课程、招生、教学及考试等方面的监控与评价，来向外部社会证明其教育质量。20世纪80年代，英国政府鼓励在高等教育领域中形成一种企业文化，高等教育管理呈现出明显的企业化特征，并且与市场因素联系紧密。20世纪90年代，随着政府财政危机的不断加剧以及高等教育市场化浪潮的侵袭，政府的高等教育财政投入增长缓慢，生均教育经费"由1989年的8000英镑下降到了2006年不足5000英镑"[①]。这一时期，高等教育质量的保障与提高引起了英国政府和社会公众的高度重视。

在政府以及相关部门的推动下，英国也开始建立具有现代意义的质量保障体系。1983年，英国雷诺兹委员会成立，负责制定高等教育的学术标准，由此"拉开了英国大学质量标准讨论的序幕"[②]。1986年，"学术标准小组"向英国政府递交了《大学学术标准》，系统阐述了英国大学学术标准体系及其实施措施，促进了"精英时代大学内部标准从模糊、非正式走向清晰与正规的转变"[③]。同时，为打破"双轨制"所带来的高等教育体系内部等级分化，不适应社会发展需求等问题，英国政府于1992年废除了针对多科技术学院的国家学位委员会，赋予多科技术学院大学的称号和学位授予的权力，并于1992年成立了高等教育基金委员会（HEFC），对高等教育进行统一拨款。高等教育基金委员会下设的

[①] 曾美勤,魏署光.构建高等教育评估质量保障体系的国际经验及其对我国的启示[J].北京教育学院学报，2010（10）:22.

[②] 张彦通.欧洲地区高等教育质量保障体系研究[M].北京:北京航空航天大学出版社，2007.

[③] 朱国辉,谢安邦.英国高校内部教育质量保障体系的发展特征及启示——以牛津大学为例[J].教师教育研究，2011（2）.

教学质量评估委员会（QAC）主要是负责对学科层面的本科教学质量进行评估，简称学科评估。同年，大学副校长委员会（CVCP）又专门成立了高等教育质量委员会（HEQC）负责学校层面的质量审核与认证，简称院校评估。这两种不同的评估体系承担着质量保障工作的同时，还存在着评价标准不一致，评估机构职能重叠、混乱等问题。[①] 因此，古典大学呼吁外部质量保障做出调整。

于是，1997 年英国高等教育基金委员会和高等教育质量委员会合并，成立了全国性的高等教育质量保障组织机构——高等教育质量保障署（QAA），由其全面负责英国高等教育质量保障及评估事宜。作为非官方性质的专门高等教育质量保障机构，QAA 在人事、财务以及内部管理方面均独立于政府，具有很大的自主权。高等教育质量保障署的主要任务是向学生、家长以及社会用人单位提供高等教育质量信息，并通过制定高等教育质量标准、资格框架、学科基准以及编写学术审核手册等来维持和提高高等教育质量。[②]2000 年，高等教育质量保障署出版了《学术审核及运行手册》，初步确立了英国质量保障的新框架。2002 年，高等教育质量保障署发布的《院校审核手册》决定采取院校审核的形式取代原有的学科评估和院校评估两种不同的评估形式，以实现质量保障方式的统一。总体来看，1992—2003 年这段时期，即使英国政府十分强调外部质量保障的作用，也没能打破大学内部坚守质量自治的基本格局。[③]

（三）以自治为主，内外结合的发展阶段（20 世纪末至今）

尽管高等教育质量保障署的成立促使外部质量保障发挥了十分重要的作用，但是外部质量保障方式与英国大学固有的自治传统理念存在一定程度的冲突，

---

① 郑娜敏.英国高等教育质量保证体系的变革及其启示[J].内蒙古大学学报（哲学社会科学版），2011（5）.

② Dodds A. British and French Evaluation of International Higher Education Issues: An Identical Political Reality? [J]. European Journal of Education, 2005, 40(2): 155-172.

③ 杨继霞.英国高等教育质量保障体系的发展历程及思考[J].国家教育行政学院学报，2005（8）.

且还存在着削弱大学自主性等问题。与此同时，英国大学内部设立的质量保障机制虽然有着"清醒的质量自律意识、完善的质量管理制度以及严格的质量保障措施"[①]，却因外界过度的干预而不能发挥其重要作用。在这一阶段，英国的教育质量保障划分为三个不同的发展子阶段。

1. 以 QAA 为主的院校审核期（2002—2012 年）

2002 年，英格兰高等教育基金委员会、英国大学联合会以及高等教育质量保障署等机构联合发布了院校审核（Institutional Audit）方案，并宣布于2002—2005 年为院校审核的过渡期，从 2006 年开始，每 6 年为一个周期进行院校审核。院校审核的显著特征是肯定院校在质量保障活动中的重要性，其重点是从直接评估学校的教育教学质量转向了对学校内部本科教学质量保障机制有效性的审查，并对英国的外部质量保障方式进行了修正。[②] 具体而言，是从院校和学科层面审查学校内部质量保障体系的运行情况，并对其有效性进行判断。同时，在院校审核活动中，学生代表参与以及学生代表意见书也是重要的参考依据之一。

有调查显示，大部分的英国学校认为院校审核制度是有效的，并且愿意接受它。2006 年，英国高等教育质量保障署颁布了新的《院校审核手册》，其主要目的是为了使参评院校全面了解审核制度，并于 2009 年进行了进一步的修改。2002—2011 年，QAA 对英国高校开展了两轮院校审核评价，结果肯定了英国院校的质量，同时其院校审核评价的有效性也遭到了公众的质疑。2011年 9 月，QAA 从宣布使用院校评估（Institution Review）取代之前的院校审核（Institution Audit）。外部质量评估名称的变更意味着评估内容也有所调整，与之

[①] 张震,乔美丽,高媛.英国高等教育评估与质量保证体系及启示[J].郑州大学学报(哲学社会科学版), 2006（4）:187.

[②] 莫甲凤.大学自治模式的英国高等教育质量保障体系:特点与启示[J].中国高教研究,2012（4）.

前的院校审核相比，院校评估更加强调以学生为中心的理念、增加了评估过程的灵活性、强调评估报告的简洁性等。[①]

2012年，QAA发布了新的高等教育质量标准取代原有的学术规范体系。2014年，英国正式启动"卓越研究框架"（Research Excellence Framework,REF），并把高校研究质量作为院校质量的重要指标。在这种政策的导向下，英国各大高校更加重视科研成果以及科研成果环境的改善，以此来提高学校的社会声誉和资金支持。然而，这使得高校呈现出较为严重的重科研轻教学的现象，社会公众对高校教育质量不满。

2. 由政府主导的"教学卓越框架"期（2015至今）

2015年11月，英国政府于发布《发挥我们的潜能：卓越教学、社会流动性和学生选择》绿皮书，提出了提升教育教学质量的"教学卓越框架"国家计划。2016年，英国政府发布了《知识经济的成功：教学卓越、社会流动和学生选择》白皮书，这标志着"教学卓越框架"（Teaching Excellence Framework, 简称TEF）取代QAA正式实施教育教学质量评价。TEF评价框架的主要内容有：教学质量、支撑教学的学习环境和学生的学习结果和收获。2017年6月，英格兰高等教育基金会正式公布了首轮参与院校评估的295所高校的评价结果，并进行了首轮评估经验的总结。首轮"教学卓越评价"打破了英国传统的高等教育机构排名，支持高等教育回归育人本位，同时也为学生选择就读高校提供了重要参考。2017年7月，TEF正式开始以学习结果为导向开展专业层面的教学质量评估。同年10月，英国教育部将"教学卓越框架"更名为"教学卓越与学生学习成果框架"（The Teaching Excellence and Student Outcomes Framework, 简称TEF）。

在总结第一轮TEF评估实践中存在的问题的基础上，2021年英国正式出台了"教学卓越与学生学习成果框架"（简称，TEF2021）。TEF2021在借鉴原有评

---

① 张圆圆,孙炘.英国高等教育质量保障署评估新动态及其启示[J].中国大学教学，2012(11).

估框架的基础上，将新的评估框架调整为包括教育体验和教育成果两个维度下的四个层面，分别是教学与学习环境、学生满意度、教育收获和毕业生成果。[①]这将原有评估框架的三个层面调整为四个层面，促使评估框架更加完善，同时还将学科评估融合到了院校评估中，更加重视对教育成果的评估。TEF2021评估框架主要特征体现在如下几方面：其一是强调为不同类型的高校营造一个公平竞争的评估环境，能兼顾国家可比较评价指标与院校提交自我评价报告的双重作用；其二是恰当地处理了 TEF 与国家宏观监管体系之间的关系；其三是鼓励学生参与其中；其四是以学生学习为中心重塑教育教学质量评价理念；其五是成熟完善的数据库支撑动态的质量监测；六是拓宽了教学卓越的维度，创新了教学质量评价的方式。[②③]总之，这种强调以学校内部质量保障活动为主，并将内部和外部质量保障相结合的质量保障方式，实际上既兼顾了英国大学的自治传统，又考虑了社会发展对高等教育提出的需求。

二、英国大学教学质量保障的有效运行机制

经过上述三个阶段的流变之后，英国大学逐渐形成了兼顾大学自治传统与市场经济需求的相对完整而又独特的本科教学质量保障体系。

---

① Dame Shirley Pearce. Independent Review of the Teaching Excellence and Student Outcome Framework [EB/OL]. (2021-01-21)[2023-11-12].https://assets.publishing.serv-ice.gov.uk/government/uploads/system/uploads/attachment_data/file/952754/TEF_Independent_review_report.pdf.

② 黄孔雀,许明.英国高等教育"教学卓越与学生成果框架"改革：动因、举措与特征[J].黑龙江高教研究，2023(7):66-74.

③ 曹燕南.以"学"为中心的高校教学评价实践——英国"教学卓越框架"的特点与启示 [J]. 江苏高教，2019(3):13-20.

（一）质量保障组织机构

一般来说，英国大学是按照校、院（系所）的层级设立的。学校内部各部门之间都有明确的职责分工，并且它们之间通过相互合作与监督的方式高效运作。牛津、剑桥两所世界名校之所以稳居世界前列，与其成熟、完善的内部质量保障机制有着必然的联系。

以牛津大学为例，其学校层面已构建了完善、有序的质量保障机构。牛津大学的校理事会是学校的最高领导机构，其和下设的五个委员会共同负责学校的学术政策与重大战略发展方向等问题，并承担着学校教学质量及其标准的责任。[1] 其中，教育委员会是牛津大学的校内质量保障协调机构，它就学校的质量保障框架组织各部门进行商讨，同时还负责制定学校层面的质量保障政策并指导和监控各部门执行。[2] 就院系层面而言，牛津大学有 4 个学部和 38 个学院，其中每个学部都设有一个分部学术委员会，负责教师教学、学生学习等学术事务的管理。学院作为牛津大学的核心组织，对课程设置、教学设计等学术事务拥有很大的自治权，并在校级教育委员会的指导下运作。

（二）质量保障制度措施

英国大学内部一般都建立了规范有效的质量管理制度，其中较为常见的制度主要有三类：第一类是支持质量管理的政策和战略定位，一般在学校的发展规划及其发展报告等文件中有所体现；第二类是学校专门出版或者制定与质量保障体系建设相关的文件或者政策，如质量手册或者学术规章制度等；第三类

---

[1] 彭正霞, 朱继洲. 英国高校"质量文化"及内部质量保障体系 [J]. 高教发展与评估, 2006（4）: 44.

[2] 朱国辉, 谢安邦. 英国高校内部教育质量保障体系的发展特征及启示——以牛津大学为例 [J]. 教师教育研究, 2011（2）.

是公布学校内部质量评估的程序，例如，评估安排、评估结果等。[①] 为迎接院校审核工作，牛津大学教育委员会于 2008 年制定了质量保障手册。作为监控与提高教育质量的重要文件，质量保障手册根据高等教育质量保障署的评价准则结合学校的质量实践列出了质量保障的具体领域及其实践程序。

通常来说，英国大学内部还定期开展专业自我评估，其主要目的是对学校自身的教育教学质量及管理等问题进行检查和审视，同时还为外部机构的评估（例如院校审核等）提供参考依据。学校自我评估作为学校内部质量保障制度的基础主要涉及两大方面，即学科专业层面的自我评价和学校整体层面的自我评价。除此之外，英国大学内部质量保障运行还要依靠外部考试员制度、定期学科专业评估、系所层面的课程评估以及日常课堂教学质量监控等措施。[②]

（三）质量保障主体参与

大学内部质量保障活动还涉及了多元化的利益主体，例如，学生、教师、社会用人单位等。学生是高等教育活动的直接体验者，对学校教育教学质量的评价也最为直接。英国大学非常注重学生在质量保障活动中参与的积极性。学生可以通过选举加入学校理事会或者其他委员会中，代表学生利益最大化地参与学校内部质量保障工作。学校质量保障部门还会定期组织学生座谈会，就质量保证工作展开讨论，并根据学生反馈结果在日后质量保障工作中进行改进等。学校各类委员会也会在不同程度上吸纳社会用人单位参与其中，他们会对学生就业情况进行反馈，并提供改进意见与建议。

作为教育活动的另一重要主体，教师在学校理事会以及各类委员会中也扮演着重要的角色。有学者指出，英国大学中的教师群体曾一度排斥学科评估，而当外部评价从学科评估转移到学校层面的审计时，学者们才认为自己的学术

---

① 严新平. 对英国高等教育质量保证体系的认识 [J]. 高教发展与评估, 2005 (1).

② 方鸿琴. 英国高校内部教学质量保障体系的特点与启示 [J]. 中国大学教学, 2013 (10).

领域不被过分侵扰。[①] 在牛津大学，大学学者集体对学校事务进行决策，并且教职员全体大会作为学校最高立法机关的地位从未改变。同时，为鼓励教师积极参与学校质量保障活动，学校还采用同行评议的方式对教师的教学效果进行评价等。

三、教学质量保障有效性的主要特征

英国大学本科教学质量保障能够有效运行与其坚守质量自治、尊重院系发展自主权以及建立规范有序的制度措施等特征有着密切的关系。

（一）始终恪守质量自治的理念，兼顾体系发展的平衡性

英国大学的自治传统决定了不同学校内部质量管理方式的差异性。同样地，这一传统还增强了学校对其质量进行自我管理与自我规范的自律意识。大学内部的质量自律意识是其内部质量保障不断发展与完善的根基，它并没有因为大学外部质量保障活动的推动而被削弱，相反地，在政治与市场的双重压力之下，大学内部的自治传统被强烈激发，并将这种责任进一步强化。例如，1990 年大学校长委员会推动的学术审计（AAU）以及 2002 年高等教育质量保障署推动的院校审核活动都在很大程度上促进了大学内部质量保障的规范化发展。从其发展历程来看，英国大学内部质量保障发展经历了从传统的文化机制到科层制，最终又回到文化机制的深刻变革。[②] 这一变革的根基在于大学始终坚守其自治的传统，并与外部质量保障在理念上达成了共识。随后，大学内外部质量保障体系之间逐渐发展出了一种平衡关系，这一关系又进一步促进了大学对其自治传

---

① Laughton D. Why was the QAA approach to teaching quality assessment rejected by academics in UK HE?[J]. Assessment & evaluation in higher education, 2003, 28(3):319.

② 金顶兵. 英国高等教育评估与质量保障机制：经验与启示 [J]. 教育研究，2005（1）.

统的传承。[①]

（二）尊重院系质量发展自主权，重视质量保障的组织效率

伯顿·克拉克指出大学是一个底部厚重的组织，院系则是大学组织的基础与核心。在英国，学院制既是牛津和剑桥两所古典大学的重要传统，也是它们享誉世界的重要原因。与我国大学学院不同的是，牛津和剑桥大学的学院是具有独立法人地位的社会团体，其拥有管理学院内部事务的自主权，采用的是同行共治的方式。随着时间的推移，尽管牛津和剑桥的学院制发生了一些改变，但是随之而来的新秩序并未打破这一传统的治理方式，学院在学术事务以及质量管理活动中仍有很大的自主权。

前文分析表明，牛津大学在学校层面建立了专门的质量保障机构，并由其全面负责质量保障的顶层设计工作；基层的院系负责具体的质量执行工作，而学部及其相关的各类委员会则发挥监督、协调与沟通等作用。有研究指出，这种质量保障组织体系呈"工"字型布局，基本符合大学自身的组织特性。这种质量保障组织体系既能落实与质量保障相关的政策措施，又能在尊重院系质量发展自主权的基础上协调内外部质量保障活动的关系，从整体上提高质量保障组织工作的效率。

（三）建立规范有序的制度措施，发挥广大师生的自觉性

英国一流大学基本制定了相应的质量管理政策与文件，并采用定期自我评估、同行评议、学生反馈、课堂教学质量监控等手段进行内部质量管理。这充分说明，健全有效的制度措施是质量保障有序运行的基本前提，它既影响着质量保障的实施效果，又能为学校师生参与质量保障活动提供条件。

师生作为学校"教"与"学"的两大主体，他们的积极参与是质量保障

---

① 莫甲凤.大学自治模式的英国高等教育质量保障体系:特点与启示[J].中国高教研究，2012（4）.

活动保持活力的根本所在，是加强学术自由、体现大学民主化的重要表现。目前，学校内外都在采取新的战略措施，旨在发挥广大师生参与质量保障的自觉性。例如，英国大学学者共治传统与同行评议相结合的模式，实质上就是学校教师参与质量保障活动的重要途径。学生参与是国内外教育质量保障活动的一种发展趋势。在学生参与大学治理传统的影响下，学校也在不断扩大学生参与质量保障活动的机会，例如，将学生体验纳入质量保障体系之中，增强学生参与管理的话语权；学生代表有机会参与学校内部举行的定期自我评估活动，可以通过加入理事会等参与院校质量管理与决策活动，通过正式渠道向学校反馈意见等。

第二节

法国大学教学质量保障有效性分析

法国的高等教育管理体制是典型的中央集权式，其高等教育事业是由教育部门统一进行管理。通常来说，政府部门是通过立法、拨款、计划以及评估等手段对其高等教育进行管理，而大学的自主权则十分有限。经过长期的实践与探索，法国政府逐渐转变了集权式的管理模式，形成了政府集权和大学自治相结合的高等教育管理模式。因此，高等教育领域逐渐形成了一条与其管理体制发展紧密联系的质量保障体系。[①]

一、法国大学教学质量保障发展历程

（一）质量自我管理阶段（中世纪法国大学）

1150 年成立的法国巴黎大学，是中世纪时期欧洲地区最早的几所大学之一。这一时期的巴黎大学是典型的"教师型"学校。换言之，大学是由教师组成的学者行会，由他们确定教学计划、学生管理、学位授予以及校长选举等工作。[②] 经过 13—15 世纪的持续发展，巴黎大学逐渐确立了文学、法学、神学、医学四大学科，并在此基础上发展了学院式的办学模式。在不断的发展过程中，大学教师与外界的宗教、王权进行各种斗争，反对他们对学校生活的干涉，维

---

① 注释：法国高等教育机构较为复杂，分为公立综合性大学、大学校、预科班、高级技术员培训班四类，在此以公立综合性大学为例进行研究，如巴黎大学。

② 王天一，夏之莲，朱美玉.外国教育史[M].北京：北京师范大学出版社，2006:93.

护自己对学校内部事务的管理权。从这个意义上来说，尽管中世纪时期的巴黎大学对宗教具有一定的依附性，但是巴黎大学享有的自治权以及其他一些特权（如免兵役权、免纳捐权等）保证了大学内部的教育教学质量。

（二）质量保障的断裂与重新探索期（18 世纪末—20 世纪 60 年代末）

法国大革命之后，拿破仑政府受国家主义教育思想的影响，在法国创建了中央集权式的高等教育管理体制，成为法国政府干预高等教育事务的开端。中央集权式高等教育管理体制是指政府完全掌握高等教育的领导权，学校内部的财政、教学、行政管理等事务全部处于政府的监管之下，并且教师是国家的公务人员。与之相适应，法国还建立了对其高等教育进行自上而下监控的督导系统。虽然法国政府掌握了大学的教育权与管理权，但是宗教势力并未完全退出高等教育领域，督导系统的作用也收效甚微。拿破仑政府对宗教势力的过分倚重，造成了 19 世纪末期法国大学教育质量出现停滞甚至倒退的现象。

19 世纪末 20 世纪初期，法国高等教育呈现世俗化和民主化的发展趋势。政府开始通过立法、科研资助以及增加教学内容的实用性等形式对高等教育进行世俗化引导，既促进了教会与大学的相互分离，又重新恢复了大学对其内部事务的管理权。例如，法国政府通过立法的形式，重新归还了大学学部的学位授予权与教学自主权，并确立了大学财政自主的合法性，提升了大学对其内部质量的自我管理与控制能力。另一方面，政府还通过立法重新调整了大学内部管理方式，例如，肯定学部理事会和学部评议会的学术权力、将大学理事会作为大学的最高行政机构（尽管存在大学权力相对虚化）以及确定教授的行政管理权等。[①] 从整体来看，这一时期大学内部是一种集权管理下的学部自治管理模式。与学部相比，大学权力相对虚化，这为重新确立大学对其内部事务的自治权奠定了基础。

---

① 高迎爽.法国高等教育质量保障历史研究（20 世纪 80 年代至今）——基于政府层面的分析 [D]. 上海：华东师范大学，2010.

（三）质量保障的初步发展（20世纪60年代末—20世纪80年代末）

20世纪60年代，法国高等教育进入了快速发展时期，高等教育入学人数由1959年的不足20万人增加至1967年的40多万人。[①] 高等教育的快速发展也给法国大学带来了严重的问题，尤其是大学管理体制落后、教学设备陈旧、教育资源紧张等问题造成教育质量下降。于是，法国与其他国家一样开始积极致力于高等教育改革的探索。

1968年的"五月风暴"暴露了法国大学自身存在的诸多质量与管理等问题，并由此催生了法国的《高等教育指导法》。《高等教育指导法》提出了"自治、多学科、民主参与"三项基本原则，其中"自治"是与中央集权制相结合的，它肯定了大学作为教学、研究单位的自觉性与主体性，从法律上赋予大学对其内部的教学、科研、管理等事务进行自我管理，为大学进行质量自我管理奠定了制度基础。而"多学科"与"民主参与"两大原则分别为大学内外部多元质量观的确立以及大学内部质量保障多元主体的确立奠定了基础。这一时期，法国高等教育管理体制具有中央集权与大学自治相结合的特点，大学内部的自治权力也逐渐从学部上升到了学校层面。但是，学校内部在小范围内开展的自我评价活动缺乏系统性。[②]

1984年，法国政府又颁布了《高等教育法》，重申了《高等教育指导法》的一些基本原则，并提出要建立国家评估委员会对高校教育质量进行全面检查与评价，成为法国外部质量保障制度建设的分水岭。1985年，法国政府成立了国家评估委员会（CNE），它是独立于政府与高校进行自我管理的机构。国家评估委员会主要开展"院校制度评估、全国高教整体状况评估以及特定学科或者学位评审"三类评价活动，并向法国总统直接负责，它的成立标志着法国外部

---

① 杨秀文，范文曜.法国高等教育评估和大学拨款[J].世界教育信息，2004（3）.

② 苌庆辉，闫广芬.法国高等教育评估制度的特征[J].高校教育管理，2008（2）.

质量保障模式的正式确立。[①]

1987 年，法国成立了"评估与预测司"，专门负责对教育系统的评估、预测等职能。1989 年，法国政府对 1984 年提出的"高等教育契约拨款制度"（又称"合同制"）重新进行了调整，将拨款范围从研究领域扩展到了学校的所有领域。一方面，"合同制"推动了大学发展响应国家发展需求。另一方面，"合同制"还赋予了大学自治新的内容，减少了政府对高等教育的直接干预。大学要自主制定其发展规划，并由国家评估委员会每四年对其发展规划和发展目标进行评价，政府部门将会根据评价结果进行拨款。在"合同制"推动下，大学内部各层次的人才都积极参与学校发展规划，并在学校内部形成了质量文化氛围，为内部质量保障制度的形成奠定了基础。同时，明确大学与政府之间的质量责任，也促进了法国大学内部质量保障制度的发展。

（四）质量保障的不断改进（20 世纪 80 年代末至今）

20 世纪的最后十年，法国高等教育发生了巨大的变化，且这些变化是建立在 20 世纪 80 年代高等教育改革的基础上。1999 年，欧洲地区建立的博洛尼亚进程旨在整合欧洲各国间的教育资源，建立各国相互认可的高等教育体制，进而从整体上提高欧洲地区的高等教育质量。为了适应博洛尼亚进程中提出的高等教育一体化发展的需求，法国内外部质量保障都发生了一些新的变化。2007 年 3 月，法国政府成立了研究与高等教育质量评价署（AERES），取代了国家评估委员会。该机构主要是负责对高等教育机构或者院校开展的活动进行评价，它的成立标志着法国质量保障建设进入了一个新阶段。

2007 年 8 月，法国政府颁布了《综合大学自治与责任法案》。该法案是这一时期法国大学改革的纲领性文件，其主要目标是提升高等教育质量与国际竞争力。法案改革的重点在于赋予大学更多的自治权，并要求其承担相应的社会

---

① 刘晶.法、德高等教育评估中的政府角色 [J]. 比较教育研究，2014（10）.

责任，进而改进政府与大学、大学与社会之间的关系。在这一法案的推动下，法国大学与政府之间的教育职责与管理权限有了明确的规定，既提升了大学的自主意识，保证了大学作为决策主体的地位，又促进了大学内部质量保障新模式的建立。

二、法国大学质量保障的有效运行机制

1984 年颁布的《高等教育法》肯定了大学的自治权。政府将权力下放促使大学成为教育质量的主要责任主体。同时，由政府主导的外部质量保障还为推动大学内部质量保障机制的建立奠定了制度环境。因此，法国大学内部质量保障机制的形成与发展集中体现在政府主导下的合同制、学科评估和绩效评估三类评价活动中。

其中，合同制是指政府与大学签订四年为一周期的合同，明确政府与高校之间的权责关系。以巴黎第五大学为例，合同的内容主要涉及"教育职业化发展、提高科研质量、财产和安全管理以及资源管理"四个方面，[①] 因为合同内容是大学与政府根据学校实际情况协商签订的，因此具有一定的差异性。一般而言，政府会根据合同内容定期对学校进行检查，以考察学校履行责任的情况。同样地，学校也要对合同内容的进度进行自我评价，以保证能够获得预期资金。

1996 年，法国政府实行的学科专业评估是为了保证政府投资能够收到相应的回报，提高大学教育质量，主要包括学习成果评估、学科特色评估、跨学科评估、学科内容评估等。[②] 进入新世纪以来，随着新公共管理理念以及治理理念的深入推进，政府决定在大学中推行绩效评估。为了争取更多的资源，学校也

---

① 杨秀文, 范文曜. 法国的高等教育评估和大学拨款(续)[J]. 世界教育信息，2004(4).

② 白争辉. 高等教育质量保障的理论与实践研究——以英、日、法、德为例[D]. 广州：华南理工大学，2014.

在不断提高自己的办学效益。绩效评估主要是考察大学完成任务和履行责任的情况，然后依据评定结果进行资金分配，它涉及毕业生就业、学位授予、管理质量等环节。

正是在政府的推动下，学校内部相继有序地开展自我评价活动。通常来说，学校内部都设有专门的评估委员会进行自我评估，主要包括院系评估、教学质量评估、学生发展评估、教师评估以及毕业生评估等。大学将撰写的自评报告提交给研究与高等教育质量评价署等，以供评估专家进行参考。同时，通过不同类型的评价活动既能提升学校自身的办学质量，赢得政府支持与社会信任，又能在学校内部逐渐形成一种质量责任与质量文化。

另一方面，法国大学内部组织结构主要是校、院（系）两级控制，其中教学与研究单位（学院／学部）是法国大学的基层组织单位，由教学与研究单位主任进行领导。单位理事会是基层组织的最高权力机构，是由教师、学生、管理者以及部分校外人员组成的，其主要职责是负责课程设置、学生考核以及大学理事会人员推选等。[①] 在学校层面，校长是学校的主要负责人，校务委员会（大学理事会）是负责学校内部事务的重要决策机构，而学术委员会主要负责学术（研究）事务。经过长期探索，法国大学内部质量管理的权力正在从校长与校务委员会层面重新回到教学与研究单位，这既能充分发挥校长在质量保障中的宏观调控作用，又能发挥基层自治组织的质量自主性，是未来学校内部质量保障建设的重要发展趋势。

除此之外，教师和学生也是法国大学内部质量保障活动的主要参与者。自中世纪以来，法国大学就有师生参与学校内部管理活动的传统。但是，在质量保障断裂与重新探索期，学生是没有机会参与学校内部质量管理活动的，并且一些具有初级和中级职称的教师也无缘参与其中。20世纪60年代的学潮运动之后，学生又能重新参与大学内部管理活动，并且相关法律制度也在不断完善。

---

① 周继良.法国大学内部治理结构:历史嬗变与价值追求——基于中世纪与2013年的分析[J].教育研究，2015（3）.

例如,《高等教育方向指导法》对学生代表、初级教师代表、行政服务人员代表参与学校最高决策机构——大学理事会的席位进行了明确规定。[①]2013年颁布的《高等教育与研究法》也明确规定了教师、学生、行政服务人员参与学校决策机构的人数,并增加了他们的参与比例,这充分体现了师生参与学校内部管理活动的民主性。[②]有学者指出,法国大学生参与大学内部治理活动的范围和比例走在世界前列,这既与其大学固有的文化传统相关,又密切联系了社会发展的现实诉求。[③]

三、教学质量保障有效性的主要特征

(一)独具特色的"合同制",充分发挥大学自主性

在法国,《高等教育法》明确规定大学与政府之间是"合同"关系。政府与大学在民主协商的基础上签订四年制发展合同,明确政府与大学之间的权利与责任。"合同制"的确立推动了大学内部质量保障机制的建立,为了履行合同义务并履行相应的责任,大学要对合同内容及其进度进行自我总结。换言之,大学是在教育部检查合同履行情况(外部评价)的推动下进行内部自我评价。由于不同学校签订合同的内容各不相同,质量评价标准的选取也具有多样性和灵活性,因此大学能够根据合同内容自主对其内部教学投入与教学过程进行自我

---

① Logermann F, Liudvika Leišytė. Students as Stakeholders in the Policy Context of the European Standards and Guidelines for Quality Assurance in Higher Education Institutions[M].in Curaj A, Matei L, Pricopie R, et al. The European Higher Education Area: Between Critical Reflections and Future Policies. Springer International Publishing, 2015:685-701.

② 王晓辉.法国大学自治:现状与前景 [J].现代大学教育,2017(4):49.

③ 师玉生,林荣日.法国学生参与大学内部治理的历史演变及启示[J].重庆高教研究,2016(4):41-46.

评价，提升学校的自我管理能力。另一方面，合同制的评价结果与政府拨款紧密相连，能够激发学校的办学自主性，提升学校的办学效益与教育质量。[①] 因为大学合同履行情况是政府是否增设拨款额度的重要参考，直接影响着学校未来的发展。

（二）完善的质量保障立法，规范质量保障有序发展

法国建立了与其高等教育管理体制相适应的高等教育质量保障体系。法国政府主要是通过立法的形式将高等教育质量保障活动制度化、规范化。20 世纪 60 年代以来，法国政府开展了三次具有重大转折意义的立法活动，分别是 1968 年的《高等教育指导法》、1984 年的《高等教育法》及 2007 年的《综合大学自治与责任法案》。历次立法活动对大学定位都有不同程度的改变，使得政府对质量保障活动的力度也有所变化。通过对其发展历程的梳理可知，法国高等教育质量保障活动是与立法改革活动同步进行、不断发展的。在法国，评估是质量保障活动的主要手段，它是通过对各个学校的评估来实现对整个高等教育系统的评价。换言之，这种对整个国家高等教育系统和高等教育政策的整体性评估是质量保障活动有序化、规范化运行的重要依据。

（三）集权与自治相互结合，提高质量保障的有效性

中央集权与大学自治是法国高等教育的鲜明特色。尽管高等教育质量保障活动是在政府主导下进行的，但是质量保障活动越来越强调"绩效保障下的院校自治"[②]。事实上，法国质量评估与大学自治之间并不矛盾，评估反而是对大学自治的补充。合同制是政府与大学之间进行互动、沟通的基本桥梁；以合同制为基础的评价指标选取主要是政府是与大学共同协商予以确定，并且大学还

[①] 张继平.法国高等教育评估模式的发展及特点 [J].大学（学术版），2010（3）.

[②] 陆俞静.法国高等教育质量保障机制我国的启示[J].内蒙古师范大学学报（教育科学版），2008（7）.

有自主选取二级、三级评价指标的权利。可见在质量评估活动中，大学并非处于被动迎评状态，而是积极主动地参与其中。中央集权和大学自治相结合的质量保障体系，既激发了院校自我管理的积极性，又从整体上提升了质量保障的有效性。

第三节

美国大学教学质量保障有效性分析

美国属于高等教育管理分权制国家，宪法规定联邦政府既不能对高等教育行使教育行政权，又不能直接管理和控制大学的教育质量。[①] 与联邦政府相比，州政府对本州（地区）的高等教育拥有更多的协调权与指导权。换言之，美国大学拥有很大的独立性与自主性，因而学校的教育质量也有很大的差异性。与其高等教育管理体制相一致，美国大学内外部已经建立了规范、有序的教育质量保障机制。

一、美国大学教学质量保障发展历程

美国大学的教育质量保障机制经历了从院校质量管理萌芽到以院校自我监控为主、市场力量逐步介入再到政府、社会、市场与高校多元主体参与的内外结合的发展模式等几个发展阶段。

（一）质量管理的萌芽阶段（17世纪30年代—19世纪60年代）

美国的研究型大学有着悠久的历史。最早的研究型大学雏形可以追溯到殖民地时期的哈佛学院、耶鲁学院等，他们是按照英国的教育模式建立的。但是，早期的美国学院与由学者团体共同控制的欧洲大学有所不同，它是"为地区的

---

① 张地珂.美国"双轨制"高等教育质量保障体系构建及启示——从教育治理的视角[J].
湖北社会科学，2016（2）.

宗教和教育需要服务的地方性机构"①。因此，美国学院形成了具有自身特色的法人—董事会制度，由学院学者对大学内部学术事务进行管理。例如，课程设置、招生考试等。董事会则将反映宗教和地方利益的信息及时反馈给学院，避免他们对学院事务的直接干预。总体来看，早期美国院校质量管理具有浓重的宗教和古典色彩，处于质量管理的萌芽阶段。

（二）质量保障的发展阶段（19世纪60年代—20世纪60年代）

美国独立之后，建立了一批州立大学，如加利福尼亚大学、马里兰大学、弗吉尼亚大学等，以及一些赠地学院，如麻省理工学院、宾夕法尼亚州立大学等，他们是美国研究型大学的另一发展源头。但是，早期这些大学的学术水平却远远低于欧洲大学。② 直到19世纪中后期，大批留德学生归国，试图把德国的大学理念和教学模式应用到美国大学中，并于1876年创办了美国第一所研究型大学——约翰·霍普金斯大学。自此，拉开了美国研究型大学的序幕。

在研究型大学中，科学研究观念很快深入人心，并促进了学术自治与学术自由理念的发展，由学者自己管理大学内部学术事务。例如，招生考试、教师聘任、课程设置等。但是，学校重大战略政策制定以及财政权主要掌握在代表地方利益的理事会和校长手中，且一些关于学校重大发展方向的决策是由他们结合社会需要制定的，而不是根据学术标准制定的。

19世纪末期20世纪初期，美国高等教育系统中还出现了其他类型和层次的学校，并且这些学校之间的教育水平参差不齐、缺乏统一规范的管理。有研究显示，"从1770—1861年，美国先后建立了800所学院，但其中维持到1900年的仅有180所"③。在这一背景下，美国开始制定基本的质量标准对大学办学进

---

① 许美德.美国的学院朝大学的过渡——美国高等教育发展史研究札记[J].外国教育资料,1983（6）.

② 刘宝存.美国研究型大学的产生与发展[J].高教探索,2005（1）.

③ 陈华仔,黄双柳.美国高等教育外部质量保障体系的百年发展[J].现代教育管理,2016(7).

行规范与约束。

1885 年，美国新英格兰地区成立了"新英格兰院校协会"（NEASC）。随后，该院校协会逐渐发展成为通过行业内部监测等措施规范和提升大学办学质量的院校认证机构。[1] 紧接着，中北部学校与学院协会（NCA）、南部学校与学院协会（SACS）等 5 个地区性院校协会纷纷建立，成为美国最具代表性的地区性院校认证机构。这类地区性认证机构是针对院校整体质量进行外部评价的，因此被称为是院校认证。与此同时，医学、教育以及建筑学等领域的专业认证机构也相继出现。院校认证和专业认证等成为美国认证制度的重要组成部分。认证也由此成为院校进行自我发展时首要考虑的问题。

认证制度作为美国高等教育质量保障体系的核心，是由高等教育机构和民间专业团体牵头组织成立的，其主要目的是要维护其成员的行业声誉、保障大学办学质量。尽管认证制度建立之初受到了外部社会的推动，但其最初的动力来源于学校内部，并且还提升了院校进行自我诊断与自我管理的能力。[2] 从整体来看，这一时期认证机构的认证属于自发性行为，认证过程随意性大，且认证机构之间缺乏相对统一的、规范化的管理，大学教育质量保障主要还是以学校内部的自我监控为主。

（三）质量保障的成熟阶段（20 世纪 60 年代—至今）

20 世纪 60 年代以来，美国高等教育领域严重的质量问题引起了社会各界的广泛关注。随着高等教育财政体制的改革，州政府也开始对公立高校资金使用情况进行严格要求。面对这些问题，大学也开始对其内部质量管理及其资源使用情况等进行自我审视。就其外部而言，美国高等教育质量委员会于 1983 年

---

[1] Westerheijden D F , Stensaker B , Rosa M J . Quality Assurance in Higher Education [M]. Springer, 2007:122.

[2] 江波.美国高等教育质量认证概述——国际高等教育质量保障模式研究（一）[J].世界教育信息，2012（6）.

发表的《国家在危险之中，教育改革势在必行》，对美国本科教育质量的现状进行了批评，并提出要对美国公立大学教育质量进行评估。于是，一些公立大学以发布年度报告或内部审查报告的形式进行内部教育质量的自我评价。[①]

1996年，美国高等教育质量认证委员会（CHEA）的成立，标志着美国外部认证制度逐渐趋向规范化和制度化。高等教育质量认证委员会是对认证机构进行认证的非官方性组织，其主要职责是通过对认证机构的能力和运行规范进行管理和协调，以间接的提高高等教育质量。随着认证制度的不断发展，认证机构又开始了"院校活动有效性"的积极探索，其主要目的是为院校进行质量改进提供支持，丰富并完善认证制度。[②] 相比之下，院校认证活动逐渐从注重结果的绩效评价向注重对学生学习与发展的评价转变。例如，20世纪90年代，六大地区认证机构将学生学习结果纳入认证标准中，并要求学校建立不同层面的学习结果评价体系。大多数州都要求将学生学习结果作为学校绩效的主要依据，并与政府拨款挂钩。

学生学习效果评级经过了长期的理论研究与实践探索。2018年，美国学习效果评价研究所（NationalInstitute for Learning Outcomes Assessment, 简称NILOA）发布了第三份全国调查报告《评价很重要：记录真实学习趋势》。该报告指出，在大学内部师生都认识到了学生学习效果评价的重要性，并逐步形成了以学生学习效果评价为核心的教学质量保障体系。[③] 但是，学生学习效果评价在实践中仍面临诸多阻力，需要更多的师生参与其中。总体来说，这一时期美国的教育质量保障兼具外部认证与内部监控，且高等教育的利益相关者也广泛参与其中。大学逐渐形成了以学生学习结果评价为主的内部质量保障体系。

---

① 严鸿雁.美国高等教育内部问责考察及对我国的启示 [J].高教探索，2017（4）.

② 朱炎军，夏人青.走向"内部改进"质量评估模式——美国高等教育质量评估的转变及启示 [J].高校教育管理，2016（2）.

③ 赵炬明，高筱卉.关注学习效果：建设全校统一的教学质量保障体系——美国"以学生为中心"的本科教学改革研究之五 [J].高等工程教育研究，2019(3):5-20.

二、美国大学教学质量保障的有效运行机制

（一）质量保障组织机构

美国一流大学内部一般是实行校、院、系三级质量控制体制，且每级都设有专门的教学质量管理组织机构负责质量管理与评价等工作。[1]加州大学伯克利分校是美国公立一流大学的典型代表，它既有一流的科研与社会服务，又有卓越的本科教育。因此，本研究以加州大学伯克利分校为例对美国公立一流大学的质量保障机制进行简要介绍。

加州大学对其分校实行统一管理。学校层面的学术评议会是其最高的权力机构，其主要职责是确定学术政策、设置学生入学条件与学位授予标准、制定教育质量标准以及教师晋升政策等，对学校层面的学术事务进行监督、咨询与全面控制。学术评议会下设专门的委员会。例如，教学委员、教育政策委员会、课程指导委员会、学术发展规划和资源分配委员会等，就专门事项进行指导、决策与执行。[2]同时，在学院层面，学院院长在学校学术委员会以及各类专门委员会的指导下负责学院内部具体学术与行政事务的管理、协调和执行。系作为大学的最基本单位，这一层面的质量控制也发挥着十分重要的作用，主要是以开展自我评价活动为主，既包括学校内部以自我问责为主的评价，又包括针对外部认证机构开展的自我评价。从整体上看，大学内部的质量管理工作从规划到执行、从监控到评价均有一套相对完善的机制。

---

[1] 江珊.哈佛大学教学质量保障体系建设探析——基于学生评教的视角 [J].高校教育管理，2016（2）.

[2] 郗海霞,张钰.美国一流大学本科教学质量内部评价体系探析——以加州大学伯克利分析为例 [J].黑龙江高教研究，2015（2）.

（二）质量保障制度措施

有学者将美国大学内部质量保障划分为学校、院系和学生评价三个层次。[①] 学校层面开展的自我评估活动主要是与外部认证活动相结合进行的。一般而言，学校层面的自我评价程序与认证程序相似，先由学校或者院系进行自我评价，然后聘请校外专家进行实地考察做出评价（同行评价），紧接着形成评价报告给出改进建议并提交学校相关委员会，最后将自我评价结果在学校范围内适当公开。

院系层面的评估主要是在评估指导委员会的指导下，以院系为主对其内部的教学与科研情况等进行自我评价。评估程序与学校层面的评估一致，不同的是，院系自我评估超越了传统的资源投入、硬件条件的输入性评价，注重对教学过程、质量管理过程以及教学与管理结果等的评价。

学生层面的评估主要包括以学生为主体进行的评估（学生评教）和对学生进行的评估（学生学习与发展评估）。其中，学生评教是学校内部教学质量保障制度的重要组成部分，主要是针对教师教学、学校管理等进行评价，大学内部已经形成了较为完善的内部评教制度。在外部评估推动下，目前学校内部的自我评估也由注重绩效考核转向了学生学习与发展的评价，并且还促进了有关学生学习与发展的测量工具与测量项目的发展。

（三）质量保障主体参与

高等教育利益相关者广泛参与是美国教育质量保障机制的一个重要特征，这里的利益相关者既有学校内部的教师、董事会、校长、学生等，又有学校外部的社会公众、民间组织、新闻媒体等。就其内部利益主体的参与而言，大学教师参与质量保障活动的范围十分广泛，宏观层面是通过学术评议会等各类委

---

① 屈琼斐.美国大学内部质量保障体系的启示 [J].高教发展与评估，2016（3）.

员会的形式参与学校重大学术事务的战略决策，在微观层面每一位教师都有权对其课程进行自主设计与安排。学生也是教学质量保障的主要参与者，例如，伯克利大学的"教学评价工作组"成员中就有1名研究生和1名本科生参与其中。① 此外，学生评教、学校内部自我问责等都是学生参与质量保障活动的重要途径。就外部利益主体的参与而言，他们大多是通过学校认证、专业认证、大学排名、社会问责等形式参与其中，对学校教育质量或者某一方面的质量进行评价，这与美国高等教育系统已经形成的高度发达的市场机制是密不可分的。

三、教学质量保障有效性的主要特征

经过数百年的发展，美国大学教育质量保障体系已经积累了许多成功经验，并具有鲜明的美国特色。

（一）内外相融的质量保障机制，兼顾社会问责与大学自治

美国大学具有悠久的学术自治与学术自由传统，促使学校在内部质量管理活动中发挥着重要作用。二战之后，高等教育大众化促使美国高等教育领域面临着严重的质量危机。社会各界尤其是政府、社会中介组织、新闻媒体等开始以不同的形式渗透到大学教育质量管理活动中。例如，联邦政府通教育资助项目（如科研资助、学费资助）等对院校质量进行间接管理，以促进政府问责的合法化。以市场力量为代表的新闻媒体等机构通过开展大学排名等评价活动以满足社会公众的质量需求。政府与外部市场力量的共同作用促使大学以内部自我管理为主转向多元利益主体共同参与质量治理。美国大学这种内外相融的质量保障机制既坚守了大学质量自治的传统，又综合考虑了社会对人才培养质量的需求，增加了大学办学的透明度和社会责任感。

---

① 黄爱华.英美大学教学质量保障体系探析 [J].现代教育科学，2011（1）.

（二）规范有序的院校自评制度，强化质量的自我监控作用

面对激烈的市场竞争，美国大学内部建立了相对完善的自我评价制度。根据评价目的的不同，美国大学内部的自我评价制度可划分为三类：以社会问责为主的自我评价、以认证为主的自我评价及以改进为主的自我评价。[①]其中，以社会问责为主的评价实质是大学内部主体对其教学（如课程设置）、科研（学术研究质量）、管理（组织结构）以及公共服务等问题进行内部自我检查与自我评价，并提出改进建议。然后，学校将问责结果等撰写成报告主动向社会公众公布，以增加学校办学的透明度。因此，基于教育质量的内部自我问责制是大学本科教育质量保障体系的重要组成部分。尽管三种类型的院校自我评价面向不同，但是都强化了院校在质量管理活动中的自我监控作用，并且还促使院校内部的管理者、教师和学生等主体对其内部质量与管理问题进行自我反思。

（三）注重"学习转向"的评价，回归大学人才培养的本质

所谓"学习转向"的评价是指质量评价的重点从注重教学资源、教学设施等转向注重学生如何学习、学习结果如何的评价，即对学生学习与发展的评价。美国院校认证机构将学生评价纳入其中，并将其作为衡量院校教育成效的重要依据，同时还促进了学校内部自我评价的转变。[②]2003年，美国区域认证委员会理事会出台了分别针对认证机构认证和院校面向认证机构进行评价时遵循的原则，即"学生学习和学业成果评价的标准和实践"[③]。这充分说明"学习转向"的评价已经成为当前美国乃至国际高等教育质量评价的一种发展趋势。一方面，

---

① 赵琳. 美国大学靠什么保障教学质量 [N]. 光明日报，2010（8）.

② Wergin J F. Taking Responsibility for Student Learning: The Role of Accreditation[J]. Change: The Magazine of Higher Learning, 2005, 37(1):30-33.

③ 郭芳芳，史静寰. 区域认证中的学生评价："奉子成婚"抑或"天作之合"？美国高等教育质量保障机制研究 [J]. 外国教育研究，2016（10）.

关注学生学习与发展的评价为社会公众、院校以及认证机构等高等教育利益相关者提供了审视高等教育质量的新视角；另一方面，关注学生学习与发展的评价还发挥了大学本科教育质量的内在动力，促进了大学教育回归人才培养中心地位。[1]

---

[1]　孙二军.美国本科教育质量评估的"学生转向"及启示 [J].江苏高教，2016（1）.

第四节

教学质量保障有效性的比较与启示

欧美等国家的质量保障传统由来已久，究其根源是源于大学内部自治传统。但是，由于各国国情的差异以及教育文化发展理念的不同，致使各国的质量保障体系在长期的发展中各具特色。本研究就质量保障目的、质量保障方式、质量保障主体参与、质量保障运行机制等方面对其进行比较分析。

一、质量保障的相同之处

（一）源于大学自治的质量保障

大学起源于中世纪时期的欧洲，其中法国巴黎大学、英国的牛津与剑桥大学都是中世纪大学的典型代表。中世纪大学是一种由教师团体或者学生团体为学习和研究而建立起来的行会组织。作为一种行会组织的大学在某种程度上是"自发"地发展起来的，有着不受外界干预而进行内部自我管理的权力，例如，司法权与立法权、享有自己的权力机关、教师聘任与审核权、学生学位授予等。中世纪后期，大学为摆脱与教皇和世俗统治者的控制而与之博弈，其根本目的也是为了获取自治权。从这个意义上说，大学质量自我管理起源于中世纪大学的自治权。

作为英国的殖民地，美国早期的学院是模仿英国大学建立的，具有英国高等教育的一些特征，尤其是自治传统。但是，美国学院并未照搬英国大学的行会自治传统，而是学习借鉴了英国的学术制度并将其形成了具有美国特色的"法人—董事会"制度。其中，学术法人独立自主地对大学内部事务进行管理，外行董事会则与外界社会进行沟通，保证大学既能满足外部社会需求，又能够避免外界对大学内部事务的直接干预。因此，美国大学内部的"法人—董事会"决策机制既是美国大学自治的制度基础，也是其进行质量自我管理的基本前提。

（二）多元主体积极参与质量保障

多元主体积极参与是质量保障活动顺利开展的基本前提。教师、学生和管理者是大学质量保障的内部主体，而政府与社会公众等则是质量保障的外部主体。在政府与社会的双重影响下，大学内部三大利益主体的价值需求与质量主张都有着本质的区别。尽管如此，教师、学生等利益主体会通过学校提供的各种途径（渠道）参与到质量保障活动中。例如，教师和管理者一般是通过参与学校和院（系）层面的各类委员会以及学校座谈会等形式，发挥其质量管理作用。欧美等国家的大学向来都有学生参与管理活动的传统，学生通过选拔也能够参与到学校的各类委员会中，作为学生代表表达其利益与价值诉求。也有一些学生会参与到外部质量保障活动中，如英国的高等教育质量保障署就有 1~2 名学生参与其中。

（三）以立法形式干预质量保障活动

不论是由集权向分权转型的高等教育系统中，还是由分权向集权转型的高等教育系统中，立法都是政府对高等教育进行宏观管理的一种重要手段。在法国，每一次重大的高等教育改革活动都是通过立法来实现的。例如，20 世纪 60 年代以来，法国就进行了三次大规模的高等教育立法活动，推动高等教育改革与发展。同样地，英国大学本科教育质量保障的顺利开展也离不开政府的政策支持，例如，《雷诺兹报告》（1984 年）《教育改革法》（1988 年）《继续教育和高等教育法》（1992 年）《高等教育：卓越教学、社会流动和学生学习》（2015 年）等政策法律，为英国大学本科教育质量保障的发展提供了法律依据和制度框架。尽管美国联邦政府不能直接干预高等教育事务，联邦政府和州政府同样会利用教育立法等形式对大学教育教育质量进行评价，以间接提高大学教育质量，从而满足国家和地方社会经济发展需求。

（四）质量保障结果与拨款相关

在英国，评估结果与拨款相联系是引入市场竞争机制的重大举措。[1]英国建立了四个专门的高等教育拨款机构负责高等教育拨款事宜。这些拨款机构根据一定的拨款原则并参考学校的教学、科研活动的评价结果将政府经费按用途分拨给各学校。美国联邦政府无法直接进行高等教育质量标准制定活动，而是通过"以市场调节机制为核心的拨款机制"对大学进行间接约束。[2]美国联邦政府通过教育部这一官方机构对认证机构进行认证，并对通过教育部认可的机构所认证的高校予以财政资助。这种通过认证结果对大学进行财政资助的方式间接地对学校的教学标准与教学质量提出了要求。相比较而言，法国政府则是直接根据绩效评价结果对大学进行拨款，并根据大学合同履行情况考虑是否增加经费额度。

二、教学质量保障的不同之处

通过上述分析，本研究从质量保障目的、保障方式以及保障组织与制度三个方面总结分析了各国大学教学质量保障的不同之处，详见表4-1。

（一）质量保障目的不同

一般来说，质量保障的运行主要受到两种不同价值理念的影响：一是质量提升与改进，二是质量管理与问责。其中，质量提升与改进较为关注学校内部各利益主体对质量的价值诉求；质量管理与问责则较为关注政府、社会等外部

---

[1] 姚云，王鱼琼.当代英国高等教育评估历史与制度 [J]. 大学（学术版），2011（8）.

[2] 郭郁烈.建立适应市场体制的高校教学质量保障体系——高校领导赴哥伦比亚大学等美国名校学习考察报告 [J]. 国家教育行政学院学报，2005（4）.

利益主体对质量"是否合乎需求、是否物有所值"的价值取向。[①]

虽然英国和法国同属于欧洲国家，但是由于两国高等教育管理体制的差异性，使得两国本科教育质量保障目的（价值取向）也有所不同。英国的高等教育管理体制是政府宏观领导与大学自治相结合，即政府与大学之间是合作关系。尽管英国大学质量保障曾一度受到外部控制，但最终还是回归到大学本身，由大学对其内部质量进行自我管理。换言之，英国大学的质量保障属于"法定范围内的大学自我治理"[②]。因此，英国大学内部质量保障能有效地平衡"质量问责"与"质量提高"之间的关系，并且始终是以坚持内部质量提高与改进为主要目的。

相对而言，法国则是典型的中央集权制国家，中央政府对高等教育有绝对的领导权和管理权。经过长期的实践与探索，虽然法国逐渐形成了中央集权与大学自治相结合的管理体制，但是法国大学的自治仍是在政府管理下进行的。因此，法国大学质量保障的整体发展都是围绕外部政府和社会问责开展的，即其质量保障目的是以质量管理与问责为主。

与英国和法国相比，美国的高等教育管理体制则是地方分权制，高等教育主要是由地方政府负责，联邦政府则不能直接对其进行干预。纵观美国教育质量保障发展历程可知，它经历了以自我监控为主到外部行业认证与内部自我监控相结合的发展路径。另一方面，市场竞争机制在美国高等教育中也发挥着重要作用。受此影响，美国教育质量保障主要是为了满足社会公众的质量问责需求，即为其高等教育用户提供教育信息，以解决美国高等教育领域市场失灵所造成的信息不对称等问题。

从总体来看，三个国家大学质量保障的目的各不相同，尤其是法国主要是

---

① Nicholson K. Quality Assurance in Higher Education: a Review of the Literature [EB/OL].(2011-01-03)[2019-02-23].http://cll.mcmaster.ca/COU/pdf/Quality%20 Assurance%20Literature%20Review.pdf.

② 郭朝红. 英国高等教育质量保障体系发展述评 [J]. 教育理论与实践，2007（2）.

以满足外部政府和社会问责需求为主。而美国、英国受其大学自治传统的影响，质量保障目的兼顾了质量管理与问责和质量提升与改进。但是，美国又因其高等教育领域中活跃的市场竞争机制而促使质量保障目的偏向于满足教育客户的需求。英国大学外部环境的变化始终未能改变大学自治的传统。

（二）质量保障方式不同

由于各国高等教育管理体制和质量保障目的的差异性，使得其质量保障方式也各有特色。英国大学的质量保障方式主要是以大学自我管理为主。在英国，本科教育质量保障体系主要是由质量控制、院校审核、社会评估等组成，其中质量控制是指学校内部为维持和提高其教育教学质量而进行的管理与监控。院校审核则是由外部机构负责对学校内部质量保障运行有效性的考察，侧重于对学校管理层面而非具体教学层面的评价，因此其最终落脚点是学校内部的质量保障。所以，质量控制和院校审核都是针对学校内部质量的保障方式，不同的是前者属于内部质量保障而后者属于外部质量保障。尽管如此，两者之间并不冲突，而是相互促进、相互支持的关系，因为外部院校审核的主要目的是通过外部检查促进学校提高其内部质量保障的有效性，进而维持和提高学校教育教学质量。

法国的本科教学质量保障方式是政府集权与大学自治相结合。法国本科教学质量保障主要是由合同制、绩效评价和学科评估三种形式组成，并且这三种形式的质量评价活动都是在政府主导下开展的，大学的自治权有限。因此，大学内部开展的自我评价活动主要是为了迎接政府主导的评价活动而进行的，即在政府主导下进行院校自我评价。相比较而言，美国的教学质量保障方式则是院校自治与行业自律相结合的。在美国，由区域性认证组织开展的认证活动是一种非政府性质的同行评议活动，其主要目的是通过外部检查（评价）来强化学校的自我评价活动，进而保障和提高院校的教育教学质量。大学则不受政府的干预，自主自愿地选择是否参与以及何时参与认证活动。这种以院校自我评价和同行评价相结合的认证制度，既体现了院校认证活动的行业自律性，又维护了学校的多样性与自主性。

（三）质量保障组织与制度各不相同

大学的教育质量需要有相应的组织与制度进行保障。在这里的组织主要是指组织结构，即大学进行质量保障活动时所依赖的各种组织体系。制度则是指为进行质量保障活动所制定的相关政策、措施。通过前文的梳理与分析可知，英、法、美三国大学的管理体制存在差异性，因此大学内部的质量保障组织结构与制度措施也各不相同。

大学内部的治理结构能够为质量保障组织的发展提供权力基础与路径选择。英国古典大学的质量保障组织结构呈"工"字形布局，即大学和学院共同负责大学内部质量管理事务。其中，大学层面设有专门的组织机构负责内部质量保障活动的组织与协调工作，学院则是质量保障活动的重要执行主体。法国大学的质量保障组织结构则是呈"倒金字塔"形布局，大学层面的校长及其校务委员会等对学校内部的质量管理活动拥有绝对的权力，而作为基层组织的教学与研究单位的权力则十分有限，缺乏自主性。相比较而言，美国大学质量保障组织结构是呈"金字塔"形布局，学校层面只是起到宏观调控的作用，而院系既是质量保障活动的自我管理主体又是执行主体，尤其是系作为大学的基层学术组织在质量保障活动中能够充分发挥其自主性。

政策措施是质量保障活动得以顺利开展的重要制度基础。每一所大学都会根据自身发展需求并结合政府政策导向制定相应的质量保障政策措施。具体而言，英国和美国大学内部质量政策的制定受外部政府政策导向影响较小，这与英美两国大学固有的自治传统密不可分。相比较而言，因为受中央集权式教育管理体制的影响，法国大学内部的政策制定则受政府政策影响较大。就其教学质量标准的制定而言，不同国家大学质量标准的设立也存在一定的差异性。英国的大学内部本科教学质量标准的制定既要符合大学教育的基本规律，又要考虑外部制定的教育质量标准，与其保持一致。法国大学内部质量标准的制定也具有双重性，即在政府统一标准之下大学根据合同制内容自主选择质量标准。

相比较而言，美国大学质量标准的设立则具有灵活性与多样性。

表4-1 英、法、美三国大学质量保障的不同之处

类别	英国	法国	美国
保障目的	质量提高与改进	满足政府与社会问责需求	为教育用户提供教育信息
保障方式	大学自我管理为主	政府集权与大学自治相结合	行业自律与院校自治相结合
组织结构	工字形	倒金字塔形	金字塔形
政策制定受政府影响程度	受政府影响较小，大学内部制定为主	受政府立法影响较大，大学自主有限	受政府影响，大学又具有很大自主性
质量标准	质量标准与QAA制定的标准一致	在统一的质量标准下，学校自主制定	标准的建立具有多样性和灵活性
显著特征	自治性	控制性	市场性

三、借鉴与启示

比较分析国外一流大学教育教学质量保障体系发展历程及其有效运行机制，对我国一流大学本科教学质量保障体系建设具有借鉴意义。

（一）大学要平衡内外部质量保障体系之间的关系

外部行政力量对质量保障活动的过分干预无益于大学教育质量的提升。目前，我国大学教育质量保障体系之间就处于一种内外失衡状态。以评估活动为例，政府是各类评估活动的主导者，而大学则是评估活动的客体，是被动的迎评者。大学内部开展的自我评价活动主要是为了回应政府与社会的问责需求，而不是一种基于自我发展与提升的内部自我问责。虽然教育部规定大学要公布年度质量报告、建立质量保障体系，其目的在于鼓励大学成为自我评价与自我管理的主体，主动承担质量责任，但是大学作为质量保障的主体地位依旧没能

完全落实。^①因此，一方面，我国大学要超越外部问责的评价逻辑，将外部质量保障活动"作为大学发展的制衡器"^②，激发大学进行自我管理与自我评价的内生动力；另一方面，大学要在其内部管理者的宏观领导下，主动地将自我评价结果向社会公众公布，增加大学教育管理活动的透明性。

（二）大学应充分尊重师生在质量保障中的主体地位

大学的教育质量即学生的学习与发展质量是指学生在知识、技能、态度等方面所产生的变化。随着信息技术的不断发展，基于学生学习与发展的质量评价活动也日益增多，尤其是欧美等一些国家已经将学生体验纳入教育质量保障体系之中。^③学生一般是通过质量管理与决策、学生评教、学校自我评价、质量信息提供等途径参与质量保障活动的。这是因为，学生作为大学教育教学活动的直接参与者与体验者，能够对大学教育与管理质量做出较为客观的评价，并且学生的学习成果与学习发展数据也理应在质量保障报告中被尊重。因此，我们应在学校内部建立学生广泛参与的质量保障机制，鼓励学生以主人翁的身份参与到学校的各项活动中。这样既能丰富质量保障活动的主体构成，又能培养和提高学生的自我管理能力。

另一方面，作为教学活动主导者的教师同样也是教学质量保障活动的主要参与者。有学者指出，要强调教师参与大学内部治理活动的重要性，肯定他们在治理活动中的权力与影响力。然而，在学校内部质量保障活动中，教师更多的是专注其本职工作。例如，进行科学研究、开展课堂教学等，对参与学校教学政策制定、教学工作开展、教学过程监控等管理活动的积极性却不高。因此，

---

① 朱炎军,夏人青.走向"内部改进"质量评估模式——美国高等教育质量评估的转变与启示 [J].高校教育管理,2016（2）.

② 王保星.质量文化与学生参与：新世纪十年英国大学教育质量保障的新思维[J].杭州师范大学学报（社会科学版）,2012（1）.

③ 喻恺,吴雪.学生体验：英国高等教育质量保障体系的新内容 [J].中国高教研究,2009（5）.

我们需要明确教师在教学质量保障活动中的质量责任，为其提供合理表达利益诉求的渠道与途径，并鼓励教师在促进专业发展与自我价值实现的基础上，积极参与学校内部的质量保障活动。

（三）大学内部要形成自觉提高质量的文化氛围

本科教学质量保障建设不仅是制度化的管理过程，还是一种文化建设的过程。因为任何一个国家、一所大学的本科教学质量保障体系都根植于其自身独特的文化环境之中。尤其是欧洲国家大学内部已经形成了较为完善的质量保障体系，且质量文化已经超越制度建设成为一种新型的质量管理模式，在大学内部质量保障建设中发挥着重要作用。然而，在我国高等教育内部质量文化的发展滞后于质量保障实践的实施，并未在学校内部师生等主体间形成一种质量文化共识。因此，我们在质量保障建设过程中要充分鼓励各质量保障主体积极参与其中，把质量当作文化的一部分，并将其作为全校师生员工共同奉行的价值信念或行为准则进行遵守。只有这样，才能在学校内部形成强大的文化凝聚力，激励并指引学校全体成员自觉主动地承担提高与保障质量的责任，进而在学校内部建构一种"能够反映大学精神品性与时代特征"的质量文化体系。[1]

---

[1] 许晓东, 赵幸."双一流"建设背景下我国高等教育质量保障的反思与重构[J].高等教育研究，2018（9）.

第五节

本章小结

　　本章对英国、法国、美国和三个国家大学质量保障的发展历程、运行机制以及实践特点进行了系统梳理，发现三国大学教育质量保障均有其显著的特征。英国大学的质量保障始终坚持自治传统具有很强的自治性；法国大学的质量保障体现了中央集权下的大学自治，但学校内部的教学质量保障建设仍表现出较强的顶层控制性；美国大学的质量保障则与其高度发达的市场经济相联系，具有显著的市场性。然后，通过比较分析提出要从平衡内外部关系、肯定师生参与的主体地位、形成质量文化氛围三个方面丰富和完善我国大学质量保障体系。

第五章
一流大学教学质量保障有效性影响因素分析

　　本研究已经初步梳理了本科教学质量保障有效性的相关问题。然而，对本科教学质量保障有效性的影响因素等问题来说，仅从现有的理论或者文献研究进行分析仍有所欠缺。为此，本研究收集了一流大学的《审核评估报告》《本科教学质量报告》等材料。然后，采用质性分析法，试图对影响一流大学本科教学质量保障有效性的因素进行归纳，并建构教学质量保障有效性的评价模型。

第一节

教学质量保障有效性影响因素研究设计

一、影响因素的构建方法与编码思路

（一）构建方法

扎根理论（grounded theory）最早是由美国哥伦比亚大学的安塞尔姆·施特劳斯（Anselm Strauss）和芝加哥大学的巴尼·格拉泽（Barney Glaser）两位学者于 1967 年合著的《扎根理论的发现》中首次提出来的。[①] 作为一种质性分析方法，扎根理论主要是通过自下而上的归纳方法对经验的数据进行编码，然后对编码数据进行反复比较与不断分析，从中提炼出核心概念与范畴，最终构建理论。作为一种研究路径，扎根理论的主要目的是为了生成理论，并且这些理论建构的基础来源于经验资料。

随着研究的不断深入，扎根理论逐渐发展成为经典扎根理论、程序化扎根理论和建构主义扎根理论三大流派。三个流派各有其研究的核心理念和方法论基础，其最大的区别在于编码过程的不同。以格拉泽为代表的经典扎根理论将编码过程分为两级即实质性编码和理论性编码；以施特劳斯和科宾为代表的程序化扎根理论则将编码过程分为三级即开放式编码、主轴式编码和选择式编码；而以卡麦兹为代表的建构主义扎根理论则没有明确提出编码过程，它强调的是研究者在研究过程中的建构与互动。尽管三种流派在认识论、理论视角、数据收集以及数据分

[①] 朱丽叶·M.科宾,安塞尔姆·L.施特劳斯.质性研究的基础:形成扎根理论的程序与方法 [M]. 朱光明,译.重庆:重庆大学出版社,2015.

析方面存在一定的差异性，但是三者之间也存在共性之处，例如，通过数据收集进行比较归纳，自下而上的建构理论。总之，扎根理论的编码方式并无对错之分，故根据研究需要论文采用程序化扎根理论的三级编码方式。

目前，扎根理论被广泛应用于管理学、心理学、教育学等不同的学科领域中，并被认为是"当前社会科学领域最具影响力的研究范式"。[①] 吴刚（2013）指出，扎根理论为研究者提供了一种科学而又严谨的分析程序。具体而言，运用扎根理论进行研究，需要明确它的具体分析步骤，主要有如下几个：资料收集—资料编码—数据比较与分析—形成概念和类属—理论抽样与饱和度检验—撰写备忘录—构建理论。这几个步骤的顺序没有严格意义上的先后，因为资料收集与编码以及备忘录的撰写是可以同时进行的，编码过程实质上也是一种分析与比较的过程，研究者可以根据自己的研究进程对这些问题进行灵活处理。从这个意义上讲，运用扎根理论进行研究时具有一定的灵活性，但是这对研究者自身特质要求也是很高的。一方面，它需要研究者具有深厚的专业知识储备，时刻保持理论敏感性，能够对资料分析中的一些问题进行提问、分析与比较，将其形成一定的概念和范畴；另一方面，它也要求研究者具备一定的容忍力，即研究者对研究过程中的模糊现象进行容忍，并通过反复思考或者理论抽样等方式将其逐渐明朗化。

（二）编码思路

在质性研究中对数据进行编码和分析是其核心环节。编码实质就是通过一定的研究方法，在与研究资料进行互动的过程中获取概念，然后根据一定的属性和维度发展概念。在对质性数据进行分析之前，需要对它们进行编码。编码类型具有多样性，如同资料分析一样，编码没有一套必须遵循的规则或者程序，研究者通常会根据其质性研究的类型选择不同的编码策略。Nvivo 11 pro 提供了两种编码思路：一种是自上而下的"由粗到细"的编码；另一种则是自下而上

[①] 吴刚.工作场所中基于项目行动学习的理论模型研究——扎根理论方法的应用[D].上海：华东师范大学，2013.

的从细处着手的编码。①

在 Nvivo 软件中进行编码的基本前提是建立节点（Nodes）。所谓节点类似于质性研究中的"范畴或类目"，它主要是帮助区分资料，并初步形成资料类别。②节点包括自由节点、树状节点、案例、关系和矩阵五个方面。其中，自由节点没有层级结构，是相对独立、没有明确范畴的概念；而树状节点则具有层级性，包含父节点、子节点和孙节点，可以对节点进行分类管理。案例、关系和矩阵则是特殊的节点，在对资料进行分类、建立关系等研究时它们是必不可少的。本研究利用节点对资料进行编码分析，并混合使用自由节点和树状节点，对暂时不能根据其属性和维度对其进行归类的事件归入自由节点，随着研究的深入推进再将其归入到相应的树状节点中。

二、数据收集的主要依据

本研究是要对一流大学本科教学质量保障有效性进行研究。虽然在前文进行了初步的文献梳理，但是还要从经验事实中对其进行进一步的丰富与拓展。那么，其基本前提就是要确立影响有效性的因素，即从研究资料中抽取与之相关的概念。

数据收集方法具有多样性，既可以是研究者在研究现场获得的第一手资料。如访谈、视频等，也可以是文献、新闻报道、研究报告以及一些公开信息等可获得的二手资料。本研究所收集到的资料主要来源于评估专家撰写的写实性评估报告以及部分一流大学公开的年度《本科教学质量报告》，主要因为这两类文本资料中都有对各自学校的本科教学质量保障建设情况进行专门论述，并且在其他环节中也有部分内容涉及本科教学质量保障活动。

---

① 雷浩. 为学而教：学习中心教学的研究 [D]. 上海：华东师范大学，2017.

② 郭玉霞，刘世闵，王为国等. 质性研究分析Nvivo8活用宝典 [M]. 北京：高等教育出版社，2009.

（一）《审核评估报告》采集依据

审核评估作为"高等教育质量保障制度发展的新形态"[①]，其核心思想是"对学校人才培养目标与培养效果的现实状况进行评价"，涉及学校办学定位、教学投入、师资队伍、培养过程、学生发展、质量保障等诸多内容。[②]其中，学校内部教学与质量保障运行情况是审核评估的重点工作之一。

审核评估专家既有熟悉教学、管理和评估工作的教育专家，也有社会行业等有关部门的专家，还有一些专家来自国外相关领域。在进行审核评估之前，评估中心还会对这些专家进行专门培训。因此，由评估专家组撰写的《审核评估报告》具有全面性、客观性和公正性等特征，既抓住了影响本科教学的关键因素，又能够从总体上反映学校教学工作的基本情况。本研究共计收集了22所一流大学的《审核评估报告》作为分析依据，并在研究过程中对其进行匿名化处理。

（二）《本科教学质量报告》采集依据

为落实《国家中长期教育改革与发展规划纲要（2010—2020）》中"建立高等学校质量年度报告发布制度"的要求，2011年教育部高教司发布了《关于"985工程高校"公布2010年〈本科教学质量报告〉的通知》（教高司函〔2011〕137号），要求"985"工程大学公布2010年《本科教学质量报告》（下文简称《质量报告》）。本科教学质量报告制度的确立既是政府转变职能实现"管办评分离"的重要工作，又是建立健全学校教育质量保障体系、完善教育信息公开制度的重要手段，同时还是高等学校主动回应社会教育需求，增强社会责任意识的重要体现。[③]

---

① 高桂娟,吴雅璇.国际视野下的高校本科教学审核评估:比较与借鉴[J].中国地质大学学报（社会科学版）,2017(4).

② 教育部.普通高等学校本科教学工作审核评估方案[Z].教高〔2013〕10号.

③ 王志蔚,张彩云.本科教学质量报告"需要解决的问题"评析论[J].中国大学教学,2016(5).

第二节

教学质量保障有效性影响因素分析

本科教学活动不同阶段的质量特性有所不同，需要不同的质量保障手段与措施。因此，科学地剖析影响本科教学质量的关键因素是建立本科教学质量保障有效性分析框架的基本前提。本节主要是通过对《审核评估报告》和《质量报告》的质性分析，确定影响本科教学质量保障有效性的要素。

一、开放式编码：概念与范畴提取

一级编码即开放式编码，它是将文本资料概念化，对文本资料逐字、逐句和逐段进行分解，然后对这些资料赋予语义贴上标签，确定其属性和维度。在开放式编码过程中逐渐发现与研究主题相关的资料片段，通过对其语境及其可能意义的反复思考（解释这些资料）将概念标签贴到这些资料中。叶民指出，开放式编码是最耗费时间、最有效的编码方式。因为在此阶段能够挖掘和聚化原始资料的意义，找出与研究主题相关的初级概念，为二级编码奠定基础。在Nvivo11 pro 中就是建立与概念相对应的节点。其中，每一个节点下面汇聚着不同的"参考点"以及"资料来源"。所谓的"参考点"是指所有文本资料中含有某一节点的内容；"资料来源"则是指含有某一节点的文本资料的数量。本研究以"P-U"资料的开放式编码为例进行说明。

首先，根据文本资料的语义通过贴标签的形式建立节点。例如，"提出培养引领未来的人的人才培养目标"这句话主要是在阐述"人才培养目标"这一概念，于是就将其编码为"人才培养目标"节点，相应的这句话就成为"人才培养目标"这一节点的"参考点"。通过对 P 大学文本资料的分析，共计建立了 36 个节点和58个与之相对应的参考点（见表5-1）。紧接着，还要对这些概念化的结果（即新建立的节点）进行归类分析，并对其进行初步的范畴化命名，以促使数据更具指向性。例如，节点"学术传统"与节点"学风"都是在阐述学校的学术文化环境这一更大的概念，因此将这两个节点归纳为"文化环境"。通过对已建立的36个节点的进一步提炼，一共分析出了16个初级范畴（见表5-2）。

表5-1 P大学开放式编码示例

序号	节点 / 概念	序号	节点 / 概念
1	学术传统	19	毕业生满意度
2	学风	20	通识教育
3	战略目标	21	科研与教学
4	办学定位	22	教师本科教学投入
5	人才培养目标	23	校院教学管理服务
6	人才培养理念	24	纵向管理体系
7	师资队伍	25	各院系管理
8	教学资源	26	教材管理
9	办学经费	27	信息技术
10	教育理念	28	院系教学评价
11	本科教育体系	29	师生交流互动
12	人才培养模式	30	教师教学能力
13	教学管理组织体系	31	课堂教学模式
14	教学管理制度	32	教师服务
15	质量标准	33	资源共享
16	质量监控制度	34	教学空间
17	学生服务体系	35	实验设备
18	学生学业知识	36	实践教学

（资料来源：根据文本编码结果绘制）

表5-2 P大学开放式编码初步范畴化示例

节点 / 概念（36个）	初步范畴化（16个）
1. 学术传统；2. 学风	文化环境
3. 战略目标；4. 办学定位；5. 人才培养目标	办学定位
6. 人才培养理念；10. 教育理念	教育理念
7. 师资队伍；22. 教师本科教学投入；30. 教师教学能力；21. 科研与教学	师资队伍建设与管理
8. 教学资源；9. 办学经费	教学经费
11. 本科教学体系；12. 人才培养模式	人才培养模式
13. 教学管理组织体系	教学组织
16 质量监控制度；28. 院系教学评价	质量监控与评价
14. 教学管理制度；15 质量标准；17. 学生服务体系；23. 校院教学管理服务；24. 纵向管理体系；27. 信息技术，32. 教师服务；33. 资源共享	质量保障制度
18. 学生学业知识	在校生学习结果
19. 毕业生满意度	毕业生质量
20. 通识教育；26. 教材管理	课程与教材
25. 各院系管理	院系地位
29. 师生交流互动；31. 课堂教学模式	课堂教学
34. 教学空间；35. 实验设备	教学设施
36. 实践教学	实践教学

（资料来源：根据文本编码结果绘制）

于是，运用同样的方法对剩余的文本资料进行开放式编码，并不断对之前所提炼的范畴进行修正。事实上，在完成了22份《审核评估报告》和7份《质量报告》的编码和比较分析之后，基本没有再出现新的概念与类属关系。至此，开放式编码的节点总数共计为 1581 个，经过初步筛选将出现次数小于 3 的节点进行删除，共计有 1328 个有效节点。与此同时，在开放式编码的过程中，对一些编码所指涉的现象进行了初步的归纳与比较分析，并形成了 146 个概念主题词。然后，按照同样的编码思路，进行了开放式编码的范畴化分析工作，并将开放式编码所获得的 146 个概念主题词进行意义归类，形成了 21 个初级范畴，分别是："办学定位""本科教学地位""本科教学经费""教学基础设施""课程建设与管理""师资队伍建设与管理""文化环境建设""课堂教学""教学管理机构""教学管理队伍""院系主体地位""质量保障制度""培养方案管理""人才培养模式""质量监控与评价""质量反馈与改进""教师参与""管理者参与""学生参与""在校生学习结果""毕业生质量"。21 个初级范畴呈现出如下三种关系。

第一，相关关系是指主题词之间具有一定的相关性，例如，"教风""学风""学术传统"三个主题词分别是从不同维度对学校的"文化环境"这一现象进行解释。第二，同意关系是指主题词表述了同一个现象或者事件，可以将它们归纳为同一个概念。进行编码过程中出现 12 组同意关系的主题词，例如，"科研资源支撑本科教学"与"科研资源优势转化为人才培养优势"二者同属于"科研与教学相融合"等。第三，属分关系是指不同主题词之间存在一定的从属关系，具体而言就是某一主题词或者某一类主题词从属于另外一个主题词，例如，"教学管理文件"和"教学管理制度"之间就是从属关系。

二、主轴式编码：主范畴提取

二级编码即主轴式编码，它是在开放式编码的基础上，对已经形成的概念与范畴进行归纳、分类，形成一个新的更大的概念和范畴，即主范畴。其实质是对反复出现的现象进行概念性解释的过程，即根据开放式编码资料的属性和维度（概念变化的范围）对其进行归类，进而构建一个新的概念。相对于开放式编码中的概念而言，二级编码的概念则更具抽象性，它是要凭借这些概念及其之间的关系与意义，形成理论的若干个维度。

具体而言，在 Nvivo 11 pro 中，就是按照一定的逻辑并遵循一定的理论指导对开放式编码中形成的 21 个初级范畴进行意义归类，即建立它们之间的类别属性。我们结合前期的文献梳理工作进行了二级编码工作。主要是借助 Nvivo 11 pro 中聚类分析功能，在反复阅读每个开放式编码及其所对应的文本的基础上，对这些编码逐一进行聚类分析，在对它们进行意义归类与整理的过程中形成一个新的范畴。其中，聚类分析的依据是单词相似性，选用皮尔森相关系数，对开放式编码进行聚类分析。但是，由于软件进行聚类分析主要是依据材料来源的相同性，会存在一定的模糊性，有时无法准确反映概念之间的相关性。这就需要我们结合已有的理论知识，并借助一定的分析方法作为选择式编码的分析依据。

因此，本研究根据科宾和施特劳斯提出的典范模型进一步探寻范畴之间的关系。典范模型主要是由"因果条件—现象—情景—中介条件—行动/互动策略—结果"六个方面联系起来的。接下来，本研究以"目标决策"的主轴式编码为例进行说明。在大学办学定位的指导下（因果条件），学校确立与之相对应的人才培养目标（行动/互动策略）；为此，学校通过鼓励本科教学投入，定期召开本科教学工作会议，制定优先保障本科教学经费等政策措施，确保本科教育教学在学校各项工作中的中心地位（情景条件）；而在此过程中，学校师生员工对人才培养目标的知晓与认同程度对人才培养目标的实施有非常重要的影响（中介条件），并且它们共同影响着本科教学质量保障结果（结果）。于是，这就形成了一个关于"目标决策"的典范模型。

紧接着，通过这样的分析方式对 21 个开放式编码进行分析，将这些初级范畴并入到更大的范畴中，最终形成了五个主轴式编码，即"目标决策""资源支持""运行管理""主体参与""产出保障"（见表 5-3）。除此之外，本研究还列出了每一个初级范畴相对应的主要概念的主题词，以分析评估专家和学校对某一范畴的关注度是相对集中还是分散。

表5-3 主轴式编码范畴分析一览表

主范畴	初级范畴	概念主题词
目标决策要素（T）	T1 办学定位	使命、战略目标、办学特色
	T2 本科教学地位	本科教学的中心地位、领导重视、人才培养目标
资源支持要素（R）	R1 教学经费	本科教学经费投入、社会资源
	R2 教学基础设施	实验室及设备的开放与共享、体育设施、校内外实验实践基地、校园功能与配套、教学空间管理、图书馆建设
	R3 课程建设与管理	教材建设、课程设置与管理、课程结构与数量
	R4 师资队伍建设与管理	教师队伍结构、教师教学投入、教师专业水平与教学能力、师风师德、教学成果等
	R5 文化环境建设	校风与学风、学术传统；
运行管理要素（P）	P1 课堂教学	教育教学理念、教学与科研、教与学的体验、教学模式
	P2 教学管理机构	教学组织管理机构、质量保障体系构成要素
	P3 质量保障制度	教师管理与服务制度、教学管理制度、学生发展服务制度、资源配置与管理、质量信息建设、本科教学环节质量标准等
	P4 培养方案设置与修订	培养方案设置、培养方案修订
	P5 人才培养模式改革	拔尖创新人才、协同育人、个性化培养
	P6 教学质量管理队伍	校院两级教学监控队伍、学生管理服务队伍
	P7 院系在质量保障中的主体地位	教学组织与管理权力、在管理评价中的地位
	P8 质量监控与评价	校院两级监控、教学环节监控与评价、教学质量评价
	P9 质量反馈与改进	质量反馈与改进机制的建立及其所发挥的作用
主范畴	初级范畴	概念主题词

续表

主体参与 要素（S）	S1 教师参与	参与教学质量监督与评价、 教师参与教学改革
	S2 管理者参与	政策制定、制度执行
	S3 学生参与	本科生参与科研、 学生参与教学质量管理的渠道
产出保障 要素（O）	O1 毕业生质量	毕业生质量调查与满意度调查
	O2 在校生质量	学业知识与能力素养

（资料来源：根据文本编码结果绘制）

三、选择式编码：核心范畴提取

第三级编码是属于选择式编码，它是在开放式编码和主轴式编码的基础上，选择一个核心类属，将资料集中在这一类属下进行研究，以形成理论化的分析模式。与主轴式编码相比较，选择式编码则更为抽象与宏观，它明确指向了理论维度，形成一种解释性路径，超越了单纯的描述，是建构理论的基础。事实上，仅仅依靠对数据本身的编码是难以实现"理论"建构的，因为在这一过程中它还需要研究者的知识储备、心理及智力等因素综合发挥作用。[1] 因此，本研究借助科宾和施特劳斯提出的条件 / 后果矩阵分析方法（下文简称矩阵分析法）对上述五个主范畴进行分析，发展出一个能够系统包容主范畴的核心范畴。

---

[1] 景怀斌 . 扎根理论编码的"理论鸿沟"及"类故理"跨越 [J]. 武汉大学学报（哲学社会科学版），2017(6).

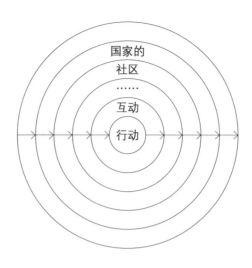

图5-1 条件/后果矩阵图

（注释：该图源于科宾，施特劳斯的《质性研究的基础：形成扎根理论的程序与方法》P103，略有改动）

矩阵分析法包括条件（conditions）、互动/行动和情感、后果（consequences）三个核心要素（见图 5-1）。矩阵分析法是以带箭头的同心圆的形式呈现的，每一个圆外面代表着不同的研究层次，从里到外代表着从微观到宏观。圆心的部分是过程即互动/行动和情感。左边的箭头则代表着条件，这些条件指向且围绕着互动/行动和情感形成了条件背景。条件背景根据研究层次的不断扩展逐渐增加新的条件，并与互动/行动和情感不断交叠，导致不同的条件后果，最终形成关系链。在这里所谓的条件就是一种形成问题（或产生特定行动/感情）的情景或者环境，它的范围可以是宏观也可以是微观。互动/行动和情感是一种过程，是个体或者群体对情景条件做出的反应，以及为了实现或者获取某一目标的手段或者策略。后果则是互动/行动和情感反应的结果。矩阵分析法能通过形成故事线的方式帮助分析资料，形成一个理论分析框架。

根据矩阵分析法，对五个主轴式编码进行分析，具体如下。

围绕大学办学定位和人才培养目标（条件情景），学校进行一系列的资源投入建设与管理工作，其中包括师资队伍、课程建设、本科教学经费投入、教学基本设施建设等人力资源、财力资源以及物力资源的建设与管理（互动/行动和情感1）；与此同时，学校还通过建立一系列的与本科教学活动相关的质量管理制度、设置管理组织机构、建立监控与反馈系统等，对具体的教学环节及实践教学等环节进行管理和监控（互动/行动和情感2）；在这些条件情景和互动/行动和情感的相互作用下，学校的本科教学质量主要通过在校生的知识、能力、素养以及毕业生就业质量与其所受到的社会评价表现出来（结果）。在整个质量保障运行过程中，学校内部的质量保障主体都广泛参与其中，并且在互动/行动情感中具有一定的层次性，既有学校层面，又有学院层面，还有具体的个体层面。质量保障实践中的主体在上述条件情境和互动/行动和情感的相互作用下，形成了与之相对应的结果，并最终形成了一个关于"一流大学本科教学质量保障有效性分析"的完整故事线（见图5-2）。

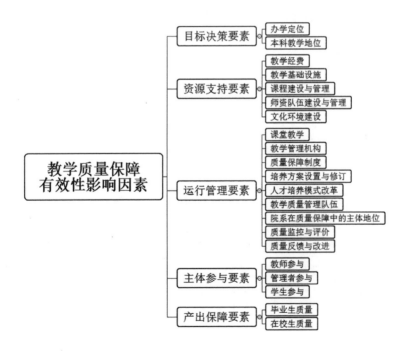

图5-2 选择式编码示意图

四、理论饱和度检验

扎根理论不是为了验证研究结论的普适性问题，而是为了发展理论，进而提出与研究主题相关的"可信的叙述与解释的框架"。因此，对其关注的重点仍是与理论本身相关的问题，如理论抽样和理论饱和度检验。质性研究中的理论抽样与定量研究中的抽样方法有着本质的区别，它是以研究的问题（概念）为基本的依据进行抽样，其主要目的是为了最大限度地提供概念或者类属关系之间的差异性，进而提高它们之间"理论解释的弥合度"。事实上，理论抽样是伴随着整个研究的过程，在报告撰写阶段如发现一些新的观点，还要不断地收集资料对其概念和属性进行进一步的丰富与完善。

本研究采取了随机抽样的方式进行理论饱和度检验。具体的做法是，首先随机选取 3 份已经编码的《审核评估报告》，对其内容进行再次编码，编码过程中并没有形成新的范畴。然后，又随机选取了 2 份《质量报告》对其内容进行再次编码，此次编码过程中同样没有形成新的范畴。综合两次随机抽样编码的结果，本研究认为编码进入"理论饱和"状态，便没有再添加新的文本材料。

第三节

教学质量保障有效性影响因素结果分析

根据上述编码，本研究最终形成了一流大学本科教学质量保障有效性的五大核心要素，而这五大核心要素又分别包含若干子要素。本节主要是影响教学质量保障有效性的五大要素及其子要素的内涵进行阐释，并在此基础上构建教学质量保障有效性共同治理评价模型。

一、有效性的质性结果分析

（一）目标决策要素

目标决策要素是本科教学质量保障有效运行的基本前提，它决定着其他要素的运转方向；其主要任务是确定学校的质量目标，制定相关质量政策，统筹安排和协调学校的各项质量保障活动。一般而言，学校会在遵循教育教学活动基本规律的基础上，根据学校自身的办学定位，并结合社会市场对人才质量的需求等来综合确定人才培养目标、专业培养目标等。具体来讲，目标决策要素包括办学定位和本科教学地位两个子要素。

（二）资源支持要素

资源支持要素是本科教学质量保障顺利运转的重要条件支撑，其任务就是根据目标决策要素的需求，及时调整和改进与教学相关的各项投入，为教学活活动提供必要的人、财、物支持，"以确保本科教学投入的第一位"。① 同时，资源支持要素还要开展质量宣传活动，创建质量文化，动员师生员工积极参与其中。② 因此，资源支持要素主要包括教学经费、教学基础设施、师资队伍建设与管理、课程建设与管理、文化环境建设五个子要素。

（三）运行管理要素

运行管理要素是本科教学质量保障开展的核心，主要是对教学质量生成的过程进行保障。换言之，教学质量保障的多元管理主体根据目标要素将教学过程中的质量要素和教学管理活动有效组织起来，使教学环节有序运行以达到最佳的教学质量管理效果③，具体体现在三个方面：其一是对教学工作进行常规管理，监督教学质量管理规范，确保各项教学规章制度以及教学计划能够有效落实，进而提高教学质量的组织管理效率；其二是通过对教师教学过程、学生学习过程等过程质量进行控制，并对影响教学质量的关键因素和关键环节进行监控与评价，以便查找导致教学质量不满意的因素；其三是将教学监控与评价结果及时向有关人员反馈，并提出调整或者改进方案，以便提供决策依据。④ 因此，运行管理要素包括课堂教学、教学管理机构、教学管理队伍、院系主体地位、质量保障制度、培养方案管理、人才培养模式、质量监控与评价、质量反馈与改进九个子要素。

---

① 王关义,赵贤淑.关于构建高校教学质量保障体系与实施系统的思考[J].国家行政学院学报，2015(2).

② 于志刚,等.教学质量保障的新模式探索[J].中国大学教学，2009(3).

③ 高耀明,张光辉.大学内部教学质量保障体系——以上海师范大学为例[J].大学·研究与评价，2007(10).

④ 许晓东,王乘.研究型大学本科教学质量保证体系探索[J].高等工程教育研究，2006(6).

（四）主体参与要素

本科教学质量保障的主体要素是指"谁来保障"，对于学校而言其行为主体主要包括管理者、教师和学生三大主体。根据我国目前科层制下的质量保障运行体系，管理者是主要的责任主体。但是，从理论上讲，教师和学生既是质量生成的主体，又是质量保障的重要参与主体。因此，教学质量保障的主体要素主要包括管理者参与、教师参与和学生参与三个子要素。

（五）产出保障要素

产出保障要素是本科教学质量保障目标系统与执行系统有效落实的结果，其主要任务是确保本科教学质量能够得到社会公众的认可。而本科教学质量则主要是通过学生在知识、能力、素质方面的发展以及社会各界对学校教学质量的评价体现出来的。因此，产出保障要素主要包括在校生学习结果和毕业生质量两个子要素。

二、有效性的评价理论建构

在对文本进行质性分析的过程中发现，本科教学质量保障不仅仅是为了迎合外部评估而开展的质量自我评价活动，而是逐渐形成了一个"连续的、主动的和应答性"[①] 的自我保障过程。在这一过程中，影响本科教学质量保障有效性的五个核心要素之间还存在一定的关联性，它们之间既相互独立又相互影响，贯穿了本科教学活动全过程，形成了一个教学质量持续改进的环路。其中，"目标决策"通过"资源支持"和"运行管理"对"产出保障"产生影响。"产出保障"则可以直接反映"目标决策"的设置是否科学、合理。"运行管理"既受"目

---

① 袁益民."管办评分离"改革与教育质量保障 [J].高教发展与评估，2016(1).

标决策"的影响，又离不开"资源支持"。在这一过程中，本科教学质量保障的主体也参与到了质量目标的制定、质量保障执行、质量保障监督与问责等不同环节当中，并对"产出保障"产生影响。事实上，在本科教学质量保障过程中，尊重不同主体对质量的多元价值诉求，在互动协商以及对话的基础上形成质量共识，体现了共同治理的思想。①

作为大学管理领域的新范式，共同治理强调政府并不是公共事务管理的唯一权力中心，肯定多元权力中心的存在以及它们参与公共事务管理的重要性，并倡导多元主体在互动协商的基础上形成一致共识，寻求问题解决方式的过程，其目的在于追求一种"善治"即公共利益最大化。宏观层面分析，"质量保障是高等教育治理的系统一级的工具"，同时还是"内部机构制度化的治理工具"。②微观层面分析，本科教学质量保障作为提升大学教学质量的一种保障手段，它不仅仅是大学治理的重要技术手段，同时还是内在于大学治理框架的有机组成部分。本科教学质量保障可以看作是一个较为完整的大学治理过程，并且具有

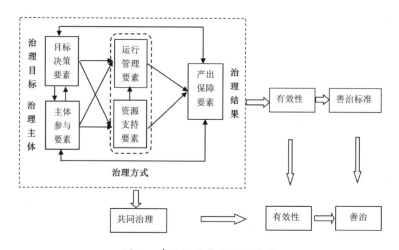

图5-3 有效性的共同治理模型

---

① 戚业国.高校内部本科教学质量保障体系建设的理论框架[J].江苏高教，2009(2):31-33.

② [加]伊安·奥斯汀，格伦·琼斯.高等教育治理——全球视野、理论与实践[M].孟彦等译.北京：学苑出版社，2020:214.

"多方参与、协商合作、服务意识和开放兼容"等治理性特征。[①]

因此，本研究尝试从共同治理的角度对本科教学质量保障有效性影响因素的理论模型进行初步构建（见图5-3）。在该模型中，主要涉及的是质量保障的四个最基本的问题，即"谁保障""如何保障""依靠什么保障""保障结果"。其中，"谁保障"是本科教学质量保障的主体要素，是质量保障的治理的权力主体，是质量保障活动的具体承担者、管理者与评价者。"如何保障"则是本科教学质量保障的运行管理要素和资源支持要素，是质量保障的治理方式（治理技术）。"依靠什么保障"则是指质量保障的目标决策要素，它是质量保障治理时的目标依据。"保障结果"是指质量保障治理活动的结果，主要是指学生学习与发展结果。在此模型中，本科教学质量保障的三个基本问题是始于目标止于结果。

本科教学质量保障具有共同治理特征，具体表现在理念的整体性、目标的公共性、主体的参与性以及过程的互动协商性等方面。共同治理是实现善治的必要不充分条件。从共同治理的角度分析，本科教学质量保障共治的结果有可能实现善治状态，也有可能实现不了善治状态，但是不论其是否实现善治状态，都需要知道共治的结果是什么，它与善治之间是一种什么样的关系。如果共治的结果不是善治的状态，那么它与善治状态的距离是什么？如果共治的结果是善治状态，那么它达到了善治的什么程度？俞可平教授指出，"有效性"是治理的基本要素，它与善治是呈正相关的，也就是说有效性越高善治程度越高。[②] 因此"有效性"可以作为对本科教学质量保障共同治理结果的一种评价，即评价它与善治状态的距离或者它达到善治的程度。本科教学质量保障共同治理结果的有效性越高，说明本科教学质量保障距离善治越近，就越容易推动质量保障从共同治理走向"善治"。

要回答这些问题，最根本的是要解决什么是本科教学质量保障的善治结果，

---

① 吴岩. 高等教育公共治理与"五位一体"评估制度创新 [J]. 中国高教研究，2014(12).

② 俞可平. 治理和善治：一种新的政治分析框架 [J]. 南京社会科学，2001(9).

其善治结果的衡量标准究竟是什么？善治就是好的治理，实际上是治理所要达到的一种理想的状态，是一种有效治理的状态，意味着质量保障的结果能实现公共利益最大化。本科教学质量保障共同治理所要追求的"善态"，实际上是质量保障共同治理结果的有效性程度处于一种很高或者非常高的状态。具体来说，质量保障治理主体能够广泛参与质量保障活动，并承担其应有的责任，即主体参与程度越高、承担的责任越大、主体行为与其目标的符合性越高，说明质量保障活动就越有效，其善治的程度就越高。质量保障治理目标要向学校全体员工公开，并得到他们的广泛认同，即质量保障目标的合法性越高、透明度越高，质量保障活动就越有效，其善治程度就越高。质量保障治理过程中对主体的回应性越高、组织制度设置越规范，则说明质量保障活动的有效性越高，其善治程度也越高。质量保障治理结果越具有长效性，则说明质量保障活动的有效性越高，其善治程度越高。

第四节

本章小结

　　本章是以《审核评估报告》的基本内容为主，辅之以部分一流大学的年度《本科教学质量报告》，对影响一流大学本科教学质量保障有效性的因素进行质性分析。主要采用施特劳斯和科宾提出的程序式扎根理论，借助质性分析软件 Nvivo 11 pro 对文本材料进行三级编码，最终形成了目标决策要素、资源支持要素、运行管理要素、主体参与要素、产出保障要素五个主范畴。同时，本研究还对五个核心要素之间的关系进行探索，初步构建了教学质量保障有效性的共治评价模型，该模型涉及治理主体、治理目标、治理方式、治理结果等内容，为后续开展本科教学质量保障有效性综合评价奠定了基础。

第六章
一流大学教学质量保障有效性
评价指标建构

评价指标体系是由一系列相互联系的评价指标组成的集合，它是进行有效性评价的标准和尺度，能够全面、客观地反映评价对象的基本特征。因此，构建科学、系统的评价指标体系并通过客观方法赋予其一定的权重，是进行有效性评价的关键环节和重要依据。

第一节

指标体系构建依据

由于指标体系构建具有一定的复杂性、层次性和综合性等特征，对其进行构建需要遵循一定的原则，并要经历指标体系初建、指标体系筛选、指标体系优化以及指标权重确定等诸多复杂环节。因此，在研究中需要首先明确指标体系构建的基本原则和重要方法。

一、指标构建的原则与思路

评价指标体系构建原则一般是在构建具体评价指标体系时才被提到。具体而言，本科教学质量保障有效性评价指标体系的构建遵循了如下几个原则。

其一，科学性原则。科学性原则是指标体系的选取是遵照一定的理论依据，且能够反映被评价对象的客观情况，而非简单随意的构建。本研究在对有效性评价指标进行初选时，依据与质量保障相关的一系列理论，运用科学的质性分析法对反映学校本科教学质量保障有效性的指标进行了初选。

其二，系统性原则。本科教学质量保障有效性评价指标体系覆盖面广泛，它能够全面并综合的反映目标决策、资源支持、运行管理、主体参与、产出保障等要素的相互作用。同时，在进行指标体系构建时还要有一定的针对性，即指标体系的选取能够体现评价的重点，且具有一定的层次性。

其三，可行性原则。指标体系的可行性原则主要体现在两个方面：一是评价指标设计不能过于烦琐，要表述明确不能产生歧义，并且能明确指标之间的相互关系；二是指标体系设计要能够达到在实践中的可操作性目的，即要保证各项指标数据的易获取性及其获取数据的质量。

其四，静态与动态相结合的原则。构建本科教学质量保障有效性评价指标体系的重点是要对其运行管理过程的有效性进行评价，同时还要考虑质量保障的目标决策等静态要素所发挥的重要作用。因此，评价指标体系的构建要兼顾动态指标和静态指标。

在遵循指标构建原则的基础上，本研究评价指标体系构建思路如下，见图6-1：

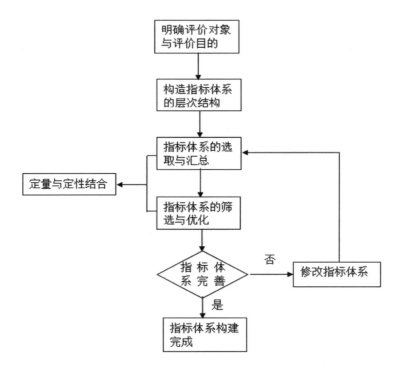

图6-1 指标体系构建总体思路

二、指标体系的初步构建

一般而言，科学有效的评价指标体系的构建是要遵循一定的方法和程序的。本研究则是遵循指标初选、指标优选与指标确定的程序，并在这一程序中分别采用了质性分析法和定量分析法。其中，指标初选采用的是质性分析方法，即从文本中挖掘出与本研究相关的初级概念，明确这些概念的基本维度和具体范畴，构建初级指标体系。然后，在初级指标体系的基础上，运用定量与定性相结合的分析方法对其进行进一步的筛选与优化，最后确定有效性评价指标体系；其中，定量分析的方法则是采用探索性因子分析法，后文会对这一方法进行详细的阐述，在此不再赘述。

本研究构建的初级指标体系已经能够反映出本科教学质量保障有效性影响因素之间的相互关系。鉴于此，本研究构建了指标体系的层次结构模型图，见图6-2。该模型图自上而下共分为三个层级：第一层级是目标层，第二层级是准则层，第三层级则是具体的指标层。将其与前文质性分析基础上确立的有效性影响因素相对应，目标层是质量保障的有效性评价，是研究对象与研究目的；准则层则是有效性影响因素的五个子维度，即目标决策层、运行管理层、资源支持层、主体参与层、产出保障层；具体的指标层则是每一个子维度下面所各自包含的指标类别的具体测项，以"目标决策层"为例，它的指标层就包括"办学定位""本科教学地位"两个指标类别的 6 个指标测项。按照这样的分析方法，本科教学质量保障有效性评价指标体系包含了五个准则层的 52 个指标测项。

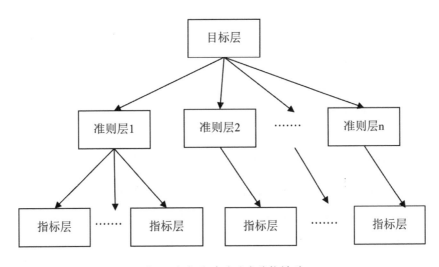

图6-2 指标体系的层次结构模型

三、指标体系的筛选与优化

（一）指标筛选依据

有效性评价体系初步构建之后，就需要对其进行筛选和优化。指标筛选方法包含定量和定性两类，其中大多数研究者是从定量的角度对指标体系进行优化，最为常见的方法有因子分析法、聚类分析法、复相关系数法等。本研究则采用定量与定性相结合的分析方法对初步构建的指标体系进行筛选。定量方法主要是采用因子分析法，来对指标体系进行客观筛选。

一方面，初选指标体系主要来源于《审核评估报告》中诸多评估专家的评估意见，具有很强的权威性、全面性和公正性，但为避免研究者个人在构建指标体系时存在的主观偏见，本研究选择通过大样本数据采集的方法使诸多的质量保障主体参与其中，尽可能地保证所选指标体系的客观性。另一方面，从共同治理理念出发，作为质量保障主体的学生既是学校教育教学活动的受益者又是学校质量管理活动的主要参与者，他们有权利也有能力参与到与其切身利益相关的质量保障活动中，并合理地表达其利益诉求。基于此，进行大样本问卷调查时也将学生作为主要调查对象。事实上，在进行客观筛选的同时还结合相关理论对指标之间的协调性与完备性等进行了定性分析，并最终确定质量保障有效性评价的指标体系。

（二）指标筛选与优化

本研究对初步确立的 52 项指标体系进行信度与效度分析。信度分析结果显示：克朗巴哈系数 α 为 0.963 大于 0.9，充分说明量表的内在一致性非常高。效度分析结果显示：KMO 取值为 0.943，Bartlett 球形检验的近似卡方为 12662.626，自由度为 1326，显著性检验为 0.000，适合做因子分析，为接下来从定量维度进行指标筛选奠定了基础。

因子分析进行指标筛选的基本依据是因子载荷值，因子载荷值越高说明该指标反映的信息越多，对评价结果的影响就越大，就越需要对其进行保留。有研究者指出，根据之前确定好的每一个准则层下面的指标类别，从每一类指标中选取信息含量（以因子载荷值为判断标准）最大的指标测项，删除因子荷载值低的指标测项。[①] 尽管这种做法保证了从每一类指标中选取的指标测项能够最大限度地解释指标信息，并能有效避免每一类指标内部选取的指标测项相互重复或者无法入选的情况，但是它并不能够保证筛选后指标测项能够覆盖指标类别的各个维度。因此，还需要从理论分析的角度对指标筛选结果进行综合考虑，即用定性方法弥补定量筛选的不足之处，从不同维度保证指标类别的全面性。

以"目标决策层"的指标筛选为例，对指标筛选过程进行具体说明。"目标决策层"的 KMO 取值为 0.788 大于 0.6 的基本取值标准，比较适合做因子分析。Bartlett 球形检验的显著水平是 0.000 小于概率 P 值 0.05，因此要拒绝零假设，表明"目标决策层"原有变量之间存在显著相关性，适合做因子分析，见表 6-1。

针对"目标决策层"两个指标类别中的指标测项进行客观筛选的结果是保留了 T13"学校办学使命明确"和 T22"校领导重视本科教学工作"（见表 6-2）。但是，由于 T11"学校发展目标明确"与 T13"学校办学使命明确"的因子载荷值相差无几，且前者是一种现实与具体的代表，是学校实际发展中所要努力和追求的方向，而后者则是一种超越现实的对学校未来发展的共同信念的追求。换言之，两个指标测项分别是从实践和理念两个层面刻画"办学定位"这一指标类别的，因此综合考虑也保留了指标测项 T11"学校发展目标明确"。根据上述指标筛选方法又分别对"资源支持层""运行管理层""主体参与层""产出保障层"四个维度的指标测项进行了筛选，共计筛选出 24 个指标测项。

---

① 顾雪松,迟国泰,程鹤.基于聚类——因子分析的科技评价指标体系构建[J].科学学研究,2010(4).

表6-1 目标决策层的KMO和Bartlett检验

取样足够度的 KMO 度量		.788
Bartlett 的球形度检验	近似卡方	894.810
	自由度（df）	15
	显著性（Sig.）	.000

（资料来源：根据数据分析整理而来）

表6-2 目标决策层指标筛选结果

准则层	指标类别	指标测项代码	因子载荷（aij）	公因子个数	累积贡献率	筛选结果
目标决策层（T）	办学定位（T1）	T11	0.850	1	70.344%	保留
		T12	0.814			删除
		T13	0.851			保留
	本科教学地位（T2）	T21	0.863	1	68.314%	删除
		T22	0.875			保留
		T23	0.733			删除

（资料来源：根据数据分析整理而来）

第二节

问卷设计与数据收集

一、问卷设计

在进行问卷设计过程中，参阅了大量国内外相关领域的文献，借鉴了教育部关于审核评估的一些审核要点，并结合前文质性分析结果，设计了一流大学本科教学质量保障有效性影响因素的调查问卷。问卷内容主要包括两大部分：第一部分属于基本信息调查，主要是对被调查对象的职业、性别、年龄等情况进行统计；第二部分是被调查对象对研究型大学本科教学质量保障有效性影响因素的重要程度做出判断，其中包括"目标决策层""资源支持层""运行管理层""主体参与层""产出保障层"五个维度，每个维度下面包括若干具体测项。

问卷设计采用的是李克特 5 级量表，对研究问题进行等距测量。问卷选项分别是"非常不重要""比较不重要""重要""很重要""非常重要"，对其进行赋值依次为"1""2""3""4""5"。问卷主要是测量被调查者对有效性评价指标重要性的态度，数字越大表示被调查者对测量内容的赞成程度越高（详见附录 1）。

二、问卷数据获取

问卷设计完成之后，邀请课题组的教授、青年教师、博士后以及博士和硕士研究生对问卷的内容效度进行了初步评定，提出了一些改进意见。然后，又邀请了其他专业的老师和同学对问卷问题设置进行了判定，其主要目的是为了检测问题设置的语言是否存在歧义或者表述不清楚的地方。样本容量的确定是进行数据采集的基本前提。而关于样本容量的确定，学界则有不同的分类标准。Mueller 认为样本容量应是观测变量数目的 5~10 倍。同时，也有研究者指出，样本容量并非越大越好，要对其进行适当控制，因为样本容量与观测变量的数量呈正相关，样本容量的增大会影响部分观测数量的适用性。[①]

问卷发放主要是采取网络发放和现场发放两种形式。网络问卷的数量有限，仅发放了 200 份左右。2018 年 6 月初进行了预调查，其主要目的是为了对指标体系进行筛选，剔除相关度较低的测项，进而提高调查问卷的信度和效度。截至 2018 年 9 月，共计发放了 607 份问卷，实际回收 544 份问卷，问卷回收率为 89.6%，有效问卷为 442 份，无效问卷为 102 份，问卷有效率为 81.2%。

三、样本描述性分析

在 442 份有效调查问卷中，调查对象主要是以学校范围内的学生、教师和管理者为主。其中，学生所占比例最大为 56.1%，教师所占比例略高于管理者所占比例。就其性别所占比例而言，男女比例也基本持平，分别为 48% 和 52%，女性所占比例略高。调查对象的年龄分布而言，30 岁以下（含 30 岁）的调查对象所占比例最高为 62.2%，紧接着是 41~50 岁的调查对象占比为 17.6%，而 31~40 岁和 51~60 岁两个年龄段的调查对象所占比例相对较少。调查对象所在地区而言，中部地区所占比例最高为 53.6%，紧接着是西部地区的 28.1%，相对来说东部地区所占比例最低为 18.3%。问卷调查对象涉及文、理、工、医四大学科门类，其中文科和工科所占比例相对较高分别为 32.8% 和 25.3%，理科和医科所占比例持平为 11%，详见表 6-3。

---

① 张斌.公共信息对公众信任及行为的影响研究 [D].西安：西安交通大学，2010.

表6-3 样本信息统计表

基本信息	选项	频次	百分比
职业	在校生	248	56.1%
	高校教师	109	24.7%
	高校管理者	85	19.2%
性别	男	212	48%
	女	230	52%
年龄	30 岁以下（含30）	275	62.2%
	31~40 岁	58	13.1%
	41~50 岁	78	17.6%
	51~60 岁	31	7.1%
地区分布	东部地区	81	18.3%
	中部地区	237	53.6%
	西部地区	124	28.1%
学科专业	文科	145	32.8%
	理科	50	11.3%
	工科	112	25.3%
	医科	49	11.1%
	其他	86	19.5%

四、信度与效度分析

（一）信度分析依据

信度分析是要对量表的有效性进行分析，它直接影响评估结果的"可信性和可用性"①。信度分析主要分为内在信度检验和外在信度检验两大类。其中，内在信度分析的重点是要分析一组评估项目（或者是测项）是否是测量的具有同一特征的问题，根据其信度来判断项目的一致性。内在信度高说明一组评估项目之间具有较高的一致性，它们所测得的结果就具有较高的可信度。因此，本研究重点是通过内在信度分析对评估项目之间的相关性进行检验。

一般而言，内在信度分析以克朗巴哈系数 α 为参照依据。克朗巴哈系数 α 的取值范围是 0~1 之间，理论上认为，α>0.9 则认为量表的内在信度很高，0.8<α<0.9 则认为量表的内在信度在可接受的范围内，0.7<α<0.8 则认为量表设计存在一定的问题，但也有一定的参考价值，α<0.7 则认为内在信度非常不好，需要重新设计问卷。从经验上讲，研究者认为在进行探索性研究时，克朗巴哈系数 α 取值大于 0.7 以上是可以接受的②，克朗巴哈系数 α 越高表示量表测量项目之间内在一致性越高、越稳定。本研究运用 SPSS 统计软件，对筛选过的指标体系进行信度分析，结果显示克朗巴哈系数为 0.924，表明问卷内部一致性很高，见表 6-4。

表6-4 信度分析结果

可靠性统计量	
克朗巴哈系数 α	项数
0.924	24

（二）效度分析依据

效度分析是指测量工具能够准确地测量出所需测量项目反映问题的程度。常见的效度分析方法主要有内容效度、准则效度和结构效度三大类型，不同类

---

① 张虎，田茂峰. 信度分析在调查问卷设计中的应用 [J]. 统计与决策，2007(21).

② 王忠福. 旅游目的地居民旅游感知影响因素研究 [D]. 大连：大连理工大学，2009.

型效度分析方法的侧重也有所不同。其中，内容效度是指对测量项目与测量目标的相符程度进行判断，一般是由相关领域的专家学者进行判断。准则效度又称效标效度，是指用不同的测量方法对同一变量进行测量，并选择其中一种方法作为参照标准，通过将其他方法与参照标准进行比较的方式来判断效度。

所谓结构效度又称建构效度，是指量表能够反映概念或者命题的程度，即内部测量结果与研究者预期要测量结果相符合程度，符合程度越高说明量表的结构效度越高。其中，因子分析方法是结构效度常见的判断方法之一，其主要衡量依据有两个：其一是根据巴特利特球度检验和KMO检验来判断是否适合做因子分析；其二是根据因子累积方差解释率来判断提取因子对原有变量的解释程度。下文对这两种判定方法有详细的解释，在此不再赘述。

由表6-5可知，KMO取值为0.915大于0.9，其中近似卡方值为4863.482，自由度为276，非常适合做因子分析。Bartlett球形检验的显著水平是0.000小于概率P值0.05，因此要拒绝零假设，表明原有变量之间存在显著相关性，适合做因子分析。

表6-5 量表的KMO和Bartlett检验

取样足够度的 KMO 度量		0.915
Bartlett 的球形度检验	近似卡方	4863.482
	自由度（df）	276
	显著性（Sig.）	0.000

第三节

指标权重的确立

本研究运用定量与定性相结合的方法最终确定了本科教学质量保障有效性的评价指标体系。对有效性指标体系赋予一定的权重是进行有效性综合评价的关键环节。因子分析方法是一种客观赋权法，它是在搜集大量样本数据的基础上确定不同层次指标的权重，因此在综合评价领域的应用十分广泛。于是，在此将运用因子分析的方法，对选取的有效性指标体系赋予权重。

一、因子分析原理

因子分析方法是于 20 世纪初期，由 Karl Pearson 和 Charles Spearman 等人对智力测验进行统计分析的过程中逐渐发展而来的。目前，已经广泛应用在心理学、经济学、教育学等不同的学科领域之中。

因子分析法的基本思想是将原有变量综合为少数几个因子，这些因子能够反映原有变量的绝大部分的信息，并且由原有变量综合出来的因子之间的相关性较弱，而因子内部各变量之间的相关性较强。[1] 由于因子分析的核心思想是降维，即运用较少的且相互独立的因子来解释绝大部分变量的信息，因此可以运用数学模型对其进行解释：假设有 P 个变量 X_1、X_2、$X_3 \cdots X_p$，每个变量经过标准化处理之后其均值均为 0，标准差均为 1。可以用 n 个因子 F_1、F_2、$F_3 \cdots F_n$ 的线性组合表示原有变量（n<P），即有：

---

[1] 高晓红,俞海宏.基于因子分析的物流企业竞争力评价——以宁波市为例[J].武汉理工大学学报 (社会科学版)，2012(6).

$$X_1 = a_{11}F_1 + a_{12}F_2 + \cdots + a_{1n}F_n + \varepsilon_1$$

$$X_2 = a_{21}F_1 + a_{22}F_2 + \cdots + a_{2n}F_n + \varepsilon_2$$

$$X_3 = a_{31}F_1 + a_{32}F_2 + \cdots + a_{3n}F_n + \varepsilon_3 \qquad （公式6.1）$$

$$\cdots\cdots$$

$$X_p = a_{p1}F_1 + a_{p2}F_2 + \cdots + a_{pn}F_n + \varepsilon_p$$

公式（6.1）是因子分析的数学模型，用矩阵公式表示则为 $X=AF+\varepsilon$。其中，F 则表示 X_p 个变量的公共因子，A 则表示因子载荷矩阵，ε 作为特殊因子，表示的是不能被因子解释的部分。而公式（6.1）中的 aij（i=1，2,3…p; j=1，2,3…n）称为因子载荷值，表示 i 个指标测项（变量）在第 j 个因子上的载荷。

二、因子旋转与提取

探索性因子常用的提取因子的方法是主成分分析和主轴因子分析两种。其中，主成分分析的重点在于使抽取的主成分能够对各变量的变异进行解释，适合于对变量结构进行简化；主轴因子分析的重点在于使抽取的主成分能够对各变量间的相关程度进行解释。

通常来说，确定因子个数有两个标准，一个标准是选取特征根值为 1 的因子，因为方差贡献率大于 1 的因子才是较为重要的因子；有研究指出，当指标测项在 20~50 之间，以特征根值 1 作为公因子选取标准最可靠。[①] 另一个标准是理论上选取累积方差贡献率大于 85% 的因子的个数，而实际研究中 60% 为最低接受标准。研究中，综合考虑以上两个标准。本研究选择主成分分析法抽取公共因子，并选取特征根值大于 1 的特征根作为抽取因子的基本标准，共计提取了 5 个因子，累积方差解释率为 60.748%，提取的因子尚可接受。此时，各

---

① 吴明隆.问卷统计分析实务——SPSS 操作与应用 [M].重庆:重庆大学出版社，2010.

指标测项的共同度相对较高，信息丢失情况也在可接受的范围内，提取的 5 个因子解释 24 个指标测项的能力依次递减分别为 18.138%、12.842%、10.834%、9.510%、9.425%。

因子旋转是调整公因子载荷值的大小并对其进行重新命名与解释的方法。本研究采用方差最大法对因子载荷矩阵进行正交旋转，并指定从第一个因子的载荷值开始进行降序排列。结果显示，前文筛选的 24 个指标测项都落入之前预设的准则层中，说明理论预设与实际检验结果基本符合，指标筛选也较为合理，可以进行下一步的指标赋权。然后，根据旋转后的因子载荷矩阵计算因子得分系数矩阵，并输出了各因子得分系数。

三、指标权重的确定

（一）准则层指标权重的确定

由于准则层的 5 个公因子是在对大量数据进行主成分分析而提取出来的，因此有必要确定这 5 个公因子在目标层的权重。其中，各主因子对于目标层的贡献率可以作为确定主准则层权重的重要依据。提取的 5 个因子对目标层"质量保障有效性"的贡献率分别为 18.138%、12.842%、10.834%、9.510%、9.425%。对这些贡献率进行归一化处理就得到了准则层各指标的权重，"目标决策层"为 0.16、"资源支持层"为 0.21、"运行管理层"为 0.3、"主体参与层"为 0.15、"产出保障层"为 0.18，结果表明，指标权重的结果与理论预期基本相符。

（二）指标层权重的确定

指标层权重的确立，是指标在准则层上的权重。以"目标决策层"为例，即"学校发展目标""校领导重视本科教学工作""学校办学使命"三个指标测项在"目标决策层"这一准则层上的权重。有研究者指出，根据因子分析法的基本原理，因子得分系数可以将指标层（具体指标测项）表示为其所在主因子（准则层）的线性组合，或者构造回归方程，可以用公式 6.2 的数学模型进行表示。

$$F_i = W_{i1}X_1 + W_{i2}X_2 + W_{i3}X_3 + W_{i4}X_4 + \cdots + W_{im}X_m$$
$$(i=1, 2,3,4,5, m=1, 2,3,4\cdots24)$$
（公式 6.2）

公式 6.2 为因子得分函数，其中 W_{i1} 则表示第 i 个因子与第 1，2，3，……，m 个指标测项之间的因子得分系数，又称回归系数。实际上，W_{i1}，W_{i2}，……，W_{im} 是原有指标测项线性组合的结果，可以看作是对各指标测项的加权值，权数的大小反映了指标测项对于因子的重要程度。[1] 因此，本研究将各指标测项所对应因子的得分系数进行归一化处理计算指标层相对于准则层的权重。

---

[1] 薛薇 .SPSS 统计分析方法及应用 [M]. 北京 : 电子工业出版社，2013.

第四节

指标内涵的阐释

本科教学质量保障是一项由若干系统要素组成的复杂系统工程，其构成要素的不同体现了质量保障支撑理论的差异性。因此，要对本科教学质量保障的有效性进行评价，就需要尽可能地考虑影响其有效性的各项指标。但是，一套关于本科教学质量保障有效性的评价指标体系又不可能涵盖影响质量保障有效性的全部领域。所以，根据研究主题以及前文指标筛选结果最终确定了五个维度的 24 项有效性评价指标体系。本研究将对有效性评价指标的内涵及其具体指标测量依据进行系统分析。

一、目标决策层

目标决策系统是本科教学质量保障活动顺利开展的核心环节，它主要是由办学定位和本科教学地位两个指标类别的三个指标测项组成的。

（一）办学定位

办学定位是一个具有层次性的宏观概念，本研究主要关注的是学校内部发展层面的办学定位。作为大学发展的理性指引，办学定位既能凝聚和激励学校师生员工的行为，又能对学校自我发展进行约束与规范。[1] 同时，大学办学定位还是学校确立本科教学地位、设置人才培养目标的重要依据。由于大学的办学

---

[1] 吕斌. 行业高水平大学科学定位与特色发展研究 [D]. 武汉：华中农业大学，2011:16.

定位是系统地贯穿在大学各要素之间，将大学的各个环节形成一个连续的整体。因此，本研究重点考察办学定位中"学校发展目标"与"学校办学使命"在学校各个运行环节的贯彻落实程度，以及它们对教学质量保障有效性的影响。

（二）本科教学地位

大学的基本职能是教学、科研和社会服务，而其最根本的任务是进行人才培养。从根本上讲，教学工作是大学人才培养的中心环节，是学校最基础、最根本的工作，是学校各项工作必须围绕的中心。本科教学中心地位在学校各项工作中的落实是提高人才培养质量的基本前提。纵观世界一流大学的发展历程不难发现，一流的本科教育是一流大学走向世界一流的必要条件。龚克指出，在研究型大学中教学活动要比研究活动更有优先性。[1] 即一流大学本科教学处于优先地位的基本前提是教学与科研的相互结合。因此，本研究重点要考察本科教学工作受学校领导的重视程度对本科教学质量保障有效性的影响。

二、资源支持层

任何组织的生存与发展都离不开人、财、物的支持。同样地，作为社会组织的大学由于其教育教学活动以及学术活动的特殊性，决定了它对资源的高度依赖性。在一流大学中，资源支持系统是确保本科教学活动顺利开展的各种可利用的条件，主要有教学经费、教学基础设施、师资队伍建设与管理、课程建设与管理 4 个指标类别下的 5 个指标测项组成。下面具体阐述它们的内涵与测度依据。

---

[1] 龚克．确立教学优先地位 注重本科质量提高 [J]．中国高等教育，2007(5)．

（一）教学经费配置

教学经费是高校开展教育教学活动的财力基础，它的投入、分配和管理会对学校教学质量产生重要的影响。[①] 在这里所研究的教学经费是指直接发生在教学过程中并且能对教学质量起促进作用的经费。[②] 其中，直接与教学相关的经费主要有课程建设经费、实践实验经费、师资经费、教学改革经费、生均经费、图书资源经费等，这些经费的投入、分配和管理是确保本科教学质量的关键。本研究不能详尽地考察学校各类教学经费的投入程度和使用管理情况，而是要运用大学治理思想，重点考察本科教学经费配置对本科教学质量保障有效性的影响。因为合理安排并保障本科教学经费不仅影响本科教学质量的高低，也能从侧面体现院系在本科教学质量保障过程中的作用。

（二）教学基础设施

教学基础设施主要包括教室、实验室、图书馆、校内外实践实习基地、体育设施等物质条件，是本科教学活动顺利开展的物质基础。一流的学校不仅要有一流的教师和一流的学生，还要有一流的图书资源和一流的实验室。因为，一流的图书资源和实验室能够为学校进行一流人才的培养提供坚实的基础。经过第一轮的本科教学工作水平评估，各一流大学都投入了大量资金进行基础设施建设，能够满足本科教学活动的基本需求。因此，本研究重点考察教学基础设施尤其是教室空间的使用效率对本科教学质量保障有效性的影响。

（三）师资资源保障

作为一个学术性组织，大学的主要任务是围绕高深知识进行教学、科学研

[①] 周雪竹，李兆荣. 高校教学经费管理问题研究 [J]. 武汉理工大学学报（社会科学版），2004(12).

[②] 张学敏，贺能坤. 本科教学评估指标"教学经费"构成研究 [J]. 中国大学教学，2007(11).

究和社会服务，而教师则是这一任务的重要承担者。因为，在这种基于高深知识的学术活动中，只有教师最清楚高深学问的内容，能够深刻理解知识的复杂性。[①] 因此，大学要培养高质量人才，不断提高科学研究水平和社会服务能力，就离不开高水平、高质量的师资队伍，尤其是对提升学校本科教学质量起到至关重要作用的教师专业发展及其教学能力。除此之外，学校对提升资源支持效能的教师本科教学投入等也有明确的规定与要求。因此，本研究重点是要从学校教师资源在不同学科专业中的分布情况、教师对本科教学投入程度两个方面来考察它们对本科教学质量保障有效性的影响。

（四）课程建设与管理

专业和课程是影响本科教学质量的两个重要因素。加快推进课程建设和专业建设既是实现学校人才培养目标的重要路径，又是推动学校内涵式发展的核心。[②] 其中，课程是整个教学过程及其质量保障过程中最为基础的部分，它既能够科学地反映学科专业的发展方向，又蕴含着丰富的教育教学思想和人才培养理念。在一流大学中，优质课程资源在整个课程结构中设置的合理程度不仅影响着学校人才培养的质量，而且还影响学校人才培养目标的实现程度。因此，本研究重点考察优质课程资源配置的科学性与合理性对本科教学质量保障有效性的影响。

三、运行管理层

运行管理系统是指对本科教学活动的实施过程进行管理。教学活动实施过

---

① [美]约翰·S.布鲁贝克.高等教育哲学[M].王承绪,等译.杭州:浙江教育出版社,2001:31.

② 汪劲松.专业与课程评估:地方高校教学质量保障体系的建设途径初探[J].中国大学教学,2014(2).

程是由学校的师生根据本科教学资源及其管理规范等共同建构的过程。其中，教师和学生是这一建构过程最为重要的两大主体。具体而言，作为本科教学质量保障核心环节的运行管理系统主要是由质量保障制度、教学管理机构、质量监控与评价、质量反馈与改进4个指标类别下的9个指标测项组成。

（一）质量保障制度

第一，教学政策与措施。学校内部教学质量保障制度建设是实施本科教学质量监控与管理的重要保证。教学质量保障制度是学校在长期办学过程中形成的，它主要是通过教学管理文件、教学管理服务政策、教学管理规范及其程序等对影响本科教学质量的关键因素进行规范与约束。其中，教学管理文件主要是为了对本科教学实施过程中的各环节进行规范与约束而建立的各种规章制度，包括课堂教学、实践教学、第二课堂教学、毕业生毕业设计、课程与专业建设等环节。一般而言，以教学质量管理文件作为主要参考，可以对影响本科教学质量的各主要环节进行监控、评价与反馈。因此，本研究要考察的重点是教学管理文件的程序性与可操作性对本科教学质量保障有效性的影响。

第二，教师教学工作政策。教师在本科教学活动中的重要作用不言而喻，尤其是教师的专业发展和教学水平对于提升教学质量是至关重要的。但是，教师的发展不仅需要教师个体的主观能动性，同样离不开学校有关政策的激励与约束。教学激励制度是为了激励教师积极投入教学工作，并对教师在教育教学活动中的行为进行约束而建立的。具体而言，激励制度主要有教师发展与培训制度、教师教学工作考核与评价制度、教师聘任政策等。在此，本研究重点是要考察教师教学工作与考核政策对本科教学质量保障有效性的影响。

第三，教学质量标准。教学质量标准是对人才培养目标的细化与具体化，它是要对人才培养过程以及人才培养的预期结果进行规定。一般而言，本科教学质量标准是在遵循教育教学规律的基础上，根据本科教学质量目标（人才培养目标），并结合学校本科教育的教学现状，由相关领域的知名专家或者专门的组织机构负责制定的，并且他们在制定质量标准的过程中还参考了质量保障不同主体的利益需求，吸纳了他们有关人才培养质量的意见和建议。因此，本研究重点考察本科教学质量标准体系的科学性与合理性对质量保障有效性的影响。

第四，教学状态数据。本科教学状态数据就是高等学校中与本科教学工作密切相关的数据，它能够直接地、全面地反映高等学校教学运行状态。而"教学状态数据库"作为高等教育质量保障体系建设的重要内容，其主要服务对象是教育主管部门、高校和社会公众。[1]对于不同的服务对象，"教学状态数据库"发挥的作用也各不相同。作为"教学状态数据库"中数据的主要呈报者，高校呈报的教学状态数据实际上就是教学质量保障的主要质量监控点。正是因为教学状态数据能够真实而详细地反映本科教学过程的各种信息，"增加不同主体对本科教学状态未来发展趋势的预测与判断"[2]，并有效指导本科教学管理工作。所以，本研究重点考察学校对本科教学状态数据的利用程度对本科教学质量保障有效性的影响。

（二）教学管理机构

有学者指出，组织目标的实现很大程度上与其组织机构的完备程度相关。在一流大学中，健全的管理机构是确保本科教学质量保障各环节有效开展的重要组织保障，同时也为教学质量保障主体发挥作用提供了平台。本科教学质量保障主体需要通过管理机构履行其保障教学质量的职责，尤其是通过管理机构之间的任务、职责、权力的明确规定与分配来提高本科教学质量。[3]而管理机构之间的分工与协作在学校和学院层面构成了本科教学质量保障的纵横交错的矩阵形组织结构，其中包括学校层面的决策机构、院系层面的具体教学单位以及

---

① 许晓东.全国高校教学基本状态数据库的研究与应用[J].中国大学教学，2014(4).

② 许晓东,赵幸,肖华,等.大数据在高校本科教学评估中的应用——以J大学为例[J].高等工程教育研究，2017(1):127-132.

③ 张宝昌,刘钢,王新民.高校内部教学质量保障体系建设成熟度评价研究[J].现代教育科学，2018(2).

与教学相关的职能部门等。因此，对教学管理机构考察的重点是学校教学质量管理机构的健全程度对本科教学质量保障有效性的影响。

（三）质量监控与评价

监控评价系统是要对本科教学质量保障活动的关键环节进行监控与评价，以全面提高本科教学质量，主要是由校院两级教学质量监控与评价、教学过程的监控与评价、多元化的教学质量评价手段三个指标测项组成。

第一，教学质量监控与评价。教学质量监控是指根据本科教学质量目标，通过一定的技术手段等对影响教学质量的关键环节与全体成员进行监控。对影响本科教学质量的关键环节进行监控的主要目的是整合不同组织机构的职能，在质量监控过程中达到最佳的状态，最终形成一个有机整体。而随着教育管理权的下放，院系层面的质量监控与评价体系的建立将会发挥更大的作用。因此，本研究重点考察建立校院两级质量监控与评价体系对本科教学质量保障有效性的影响。

第二，教学过程监控与评价。教学实施过程的监控与评价主要是对影响学生发展的创新创业、实践实训等实践教学活动，人文素质教育、社团活动等第二课堂活动，以及课堂教学活动等人才培养全过程进行管理、监控与评价。其中，课堂教学是本科教学工作的中心环节。相对于其他类型的学校而言，一流大学课堂教学环节的独特之处在于如何处理"教学与科研之间的相互关系"，即科研与教学是否能够相互融合，并将科研优势转化本科教学（人才培养）优势。而在这一过程中，教师是教学主体，在教学过程中发挥主导作用，学生是学习主体，在学习过程中发挥主体作用，管理者是管理主体，在监控与评价中发挥引导作用。因此，对本科教学过程中的教师、学生、管理者等教学质量保障主体的行为模式进行动态、实时的监控，能够促进不同主体在质量保障活动中的上下协同与多元互动。因此，本研究重点是要考察教学环节的质量监控与评价对本科教学质量保障有效性的影响。

第三，教学质量评价手段。教学质量评价是教学质量监控的重要手段，它主要是对教学监控环节进行评价。按照评价主体来说主要是由学生评价、同行评价、教学督导评价和教师自我评价；按照评价对象来划分主要有课程评价、毕业考核、教师教学质量评价、学生学业质量评价等。本科教学质量监控与评价是通过对教学状态信息与教学质量目标的比较，查找教学质量存在的问题及其原因。因此，本研究重点考察多元化的教学质量评价手段（方式）对本科教学质量保障有效性的影响。

（四）质量反馈与改进

反馈与改进作为本科教学质量保障的一项基本功能，它强调质量保障主体内在动力的发挥，并通过"赋权、对话、协商"等方式对教学质量进行保障。[1]由于"本科教学质量保障本身并不能促进质量的生成"，[2]因此，要提升本科教学质量，就需要将教学质量监控与评价过程中发现的问题及时反馈给相关教学组织机构，通过协商做出最优化的质量管理决策，[3]发挥质量反馈与改进机制在质量保障体系中的主导作用；同时，还要鼓励质量保障主体积极参与其中，发挥他们在质量反馈与改进环节的主体作用。因此，本研究重点考察质量反馈与改进机制在本科教学质量保障活动中发挥作用的程度。

四、主体参与层

本科教学质量保障的目标要想落实到位，离不开不同主体的认同、支持与

---

① 刘强. 论我国高校本科教学质量保障体系价值理念与行为模式的重构 [J]. 江苏高教，2018(2).

② 刘强. 论我国高校本科教学质量保障体系价值理念与行为模式的重构 [J]. 江苏高教，2018(2).

③ 王运来，李国志. 高校教学质量评价与保障 [M]. 南京：南京大学出版社，2010:47.

参与。本科教学质量保障体系的运行必须依托于一定的行动。[①] 所以，本科教学质量保障的主体，即"谁来保"的问题是本科教学质量保障有效性评价指标体系的重要组成部分。本科教学质量保障主体主要包括教师、学生、管理者、政府以及社会公众等。在此重点介绍学校内部参与本科教学质量保障活动的三大主体，即教师、学生和管理者。

（一）教师参与

大学的主要任务是围绕高深知识进行教学、科学研究和社会服务，而教师则是这一任务的重要承担者，在学术活动中发挥着主导作用。因为，在这种基于高深知识的学术活动中，只有教师最清楚高深学问的内容，能够深刻理解知识的复杂性。[②] 从这个意义上讲，教师从事学术活动的自由是由学术活动的性质决定的，并且是一种不受外界因素干扰与束缚的自由。随着大学的发展，学术自由思想在传播的过程中发生了一些变化。目前，人们所讨论的学术自由更多是学术活动主体在治学过程中免于外部干涉的自由，同时还兼顾了教师在教学活动中的权利诉求与责任担当。

除此之外，教师还是学校教学质量管理活动的主要参与者。教师是否能够平等地参与教学质量管理活动，不仅关系着教学质量管理工作的效率，而且还影响着高校人才培养工作的质量。这里的平等参与主要是指：教师与学校的管理者一样能够主动地参与到学科设置、课程安排、教学评估等教学质量管理活动中，而不是以执行者或者被管理者的身份被动参与其中。即在教学质量管理过程中要肯定教师的质量主体地位。[③] 只有这样，才能充分发挥教师在教学质量管理过程中积极参与决策的能力，实现对教学质量活动的民主管理。在实践中，

---

① 宋鸿雁. 我国高校内部教学质量保障问题探析 [J]. 江苏高教，2013(2):63.

② [美] 约翰·S. 布鲁贝克. 高等教育哲学 [M]. 王承绪，等译. 杭州：浙江教育出版社，2001:31.

③ 屈波，刘拓. 创新教学管理 提高人才培养质量 [J]. 中国高等教育，2011(8):40.

教师的质量保障主张是教师内在价值需求和教育质量观在教学质量保障活动中的延伸和具体体现。因此，本研究要重点考察教师在质量保障活动中的参与程度对本科教学质量保障有效性的影响。

（二）学生参与

在高等教育实施成本分担机制的背景下，学生成为高等教育经费的主要提供者。作为教育服务消费者的学生，在教学活动中有一定的选择权。学生有选择自己喜欢的专业与课程的权利，有知晓教学计划及进度安排的权利，对自己的修业年限、学习安排有自主性，能对教师教学进行较为客观地评价，有参与学校决策管理、提供管理意见的权利等。事实上，在国外学生参与质量保障活动已经成为一种常态，并且一些国家还从政策与法律层面为学生参与质量保障活动提供了保障。其中，较为常见的一种形式则是对学生学习体验或者学习结果进行评价，例如超国家层面的亚太质量保障网络启动的"学生参与质量保障项目"，国家层面的澳大利亚大学生课程经验调查问卷（CEQ）、美国全国大学生学习投入度调查研究（NSSE）等。这从不同方面肯定了学生参与质量保障活动的主体地位，树立了"以学生为本"的理念。

所谓"以学生为本"的教育理念主要是指学校教育教学活动及其政策措施的制定要以学生发展为逻辑起点。[①] 具体而言，就是正确认识学校和学生之间的关系，学校在教学活动、管理活动、服务活动以及教学改革活动中都要尊重学生的主体地位及其个性化发展，并以促进学生的全面发展和可持续发展为其最终目标。与此同时，大学还要把"以学生为本"的教育理念和"本科教学中心地位"统一起来，将"以学生为本"的教育理念贯彻落实到本科教学质量管理活动中。例如，关注学生在质量保障活动中的话语权、选择权和参与权等基本权益，关注学生学习体验，进而提升本科教学质量。[②] 同时，还要鼓励学生通过

---

① 邵晓风，廖其发."以学生为本"教育理念内涵的解读 [J].中国教育学刊，2006(3).

② 赫连华巍.牢固树立"以学生为本"的教育理念 [J].中国高等教育，2004(24).

学习、管理与评价等多种形式参与到本科教学质量保障活动中。在参与过程中，能真实、客观地感知教育教学质量并对其进行评价。因此，本研究重点是要考查学生参与质量保障活动的渠道对本科教学质量保障有效性的影响。

（三）管理者参与

郭俊指出："大学管理服务水平直接影响着学校人才培养质量和服务社会能力的高低。"[1] 而大学管理服务水平则是取决于大学内部管理者的工作态度以及工作能力。大学管理者既包括以校长为核心的中高层管理者，又包括在实践工作中承担具体执行任务的行政职员。其中，以校长为核心的中高层管理者，是学校内部本科教学质量保障制度的制定者和执行者。[2] 一方面，管理者要在其授权范围内制定与教学活动相关的政策方针，履行其教学质量管理职责。具体而言，其管理职责主要表现如下：根据社会需求及其发展变化制定学校的教学质量目标；根据质量目标制定教学质量政策、建立质量管理机构、审查质量管理活动等。另一方面，管理者作为政策的执行者要贯彻落实学校有关教学方面的政策方针，在学校和学院层面组织实施教学质量管理活动，提高本科教学管理水平。

正如有学者所言，学校内部的质量保障活动不仅是一种质量管理工具或者技术手段，更是一种以不同质量保障主体对话交流为基础的长久管理关系。管理者则是这一关系的维护者，他们利用学校的管理、政策以及资源等条件满足不同质量保障主体的利益诉求，促进本科教学质量管理活动的持续发展。在本科教学质量保障活动中，管理者的决策权、管理权等行政权力直接影响了本科教学质量管理的水平。因此，本研究重点是要考察管理者履行教育管理职责对

---

① 郭俊.高校管理人员"职业倦怠"与价值重构——基于8所本科高校的实证研究[J].高教探索，2014(3).

② 秦琴.大学管理者的质量观及其进行教育质量保障的方法——基于对"IQA项目"遴选的8所案例大学中高层管理者的实证研究[J].比较教育研究，2018(3).

本科教学质量保障有效性的影响。

五、产出保障层

产出保障系统是本科教学质量保障活动的结果，即学校的本科教学活动对学生发展的贡献程度。其中，本科教学质量目标则是判断产出保障的重要依据。具体而言，它主要由在校生质量和毕业生质量 2 个核心指标类别下的 4 个指标测项组成。

（一）在校生质量

高等学校的根本任务是进行人才培养活动，学生作为人才培养活动的主体，是本科教育教学过程的终端。正如有研究者所言，"大学教育质量是学生的学习质量与发展质量"[1]。因此，一流大学人才培养质量最终体现在学生的综合素质、知识水平以及基本能力等方面的发展及其发展程度（增值程度）。

一方面，大学内部质量保障的主要目标是促进学生发展[2]，通过对前文文本材料中有关学生能力素养的词进行词频分析发现，描述人才培养质量的词汇主要是集中在实践能力（21 次）、创新能力（20 次）、学习能力（16 次）、自我发展能力（14 次）、综合素质（10 次）等方面，足见学生能力素养发展的重要性；另一方面，学生是高等教育的接受者与参与者，其主要任务是学习知识，所以学生知识水平的发展也是衡量质量保障结果的一个重要测项。本研究要重点考查学生专业知识掌握的程度与学生能力素养满足社会需求的程度对本科教学质量保障有效性的影响。

---

① 杨彩霞.学生全面参与高校内部教学质量保障的探讨[J].教育与职业，2014(32):30-32.
② 屈琼斐.美国大学内部质量保障体系的启示[J].高教发展与评估，2010(3):48.

（二）毕业生质量

另一项衡量产出保障结果的指标是毕业生质量。毕业生就业质量能够从客观上反映学校培养的人才满足国家和地方发展需求的程度以及用人单位对学校人才培养质量的认可程度。正因如此，以市场需求为导向调整人才培养结构是当前和未来高校人才培养的重要发展方向之一。另一方面，毕业生质量的高低还需要用人单位对其进行评判。因为社会用人单位是高校培养出来的"产品"（学生）的最终顾客，它对学校人才培养质量在知识、能力等方面的满意程度，是反映毕业生质量的一项重要指标，同时还影响着高等教育的可持续发展。因此，本研究主要考察毕业生就业质量（水平）和毕业生的社会满意度对本科教学质量保障有效性的影响。

第五节

本章小结

　　本章系统阐述了指标体系构建的基本原则与总体思路，并以此为基础通过定量与定性相结合的方法对指标体系进行筛选，共计筛选了 24 项指标，以确保本研究所构建的指标体系的客观性与全面性。然后，通过因子分析的方法对选取的指标体系赋予权重，并从理论上对选取的 24 项指标体系的内涵进行理论解释，为下文进行综合评价奠定基础。

第七章
一流大学教学质量保障有效性
模糊综合评价

教育部开展新一轮普通高等学校本科教学工作审核评估，其关键在于评价学校内部本科教学质量保障建设的有效性，凸显高校在本科教学质量保障活动中的主体地位。为全面、客观地评价一流大学本科教学质量保障建设的有效性，本章拟重点研究如下几个方面的内容：建立有效性评价标准，选取典型案例进行调查研究，运用模糊综合评价法进行有效性综合评价，结合质性分析材料对有效性评价结果及其成因进行系统分析。

第一节

教学质量保障有效性评价标准

评判标准是进行有效性评价的基本前提，研究者对有效性的研究主要是集中在政策、制度和管理工具三个方面。本科教学质量保障不仅仅是质量管理的制度建设和技术手段，同时还是一种"具有强烈问责取向的意识形态"[1]。因此，从政策、制度等方面对有效性的评判标准进行研究，具有十分重要的借鉴意义。

一、"目标决策层"的有效性评价标准

美国学者奥兰·扬认为，国际制度有效性是"用来衡量社会制度能在多大程度上塑造或影响国际行为的尺度"[2]。奥兰·扬对有效性的界定被国际制度领域的学者广泛认同。同时，也有学者从制度变迁的角度将国际制度有效性总结为三类，即目标获得的有效性、问题解决的有效性和集体最优的有效性。[3] 其中，目标获得的有效性是要根据制度目标对其有效性进行评价，就是以目标的实现程度作为有效性评判的重要标准。美国著名政策分析专家威廉·N.邓恩认为政策有效性是一种关涉目标的价值判断，即政策能够实现预期目标就说明该项政

---

① 张应强，苏永建.高等教育质量保障反思、批判与变革 [J]. 教育研究，2014(5).

② 王明国.国际制度有效性：研究现状、路径方法与理论批评 [J]. 国际政治经济评论，2011(2).

③ 王明国.国际制度有效性研究——以国际环境保护制度为例 [D].上海:复旦大学，2011.

策有价值或者有效。[①] 同样地，我国的一些学者分别从政策目标清晰程度 [②]、政策目标的科学性 [③]、政策执行实现其预期目标的程度 [④] 等对政策有效性进行分析。综合考虑，将合理性作为本科教学质量保障"目标决策层"有效性的评判标准，它包含目标的科学性、清晰程度、公开性、可执行性等特征。具体而言，教学质量保障的治理目标的合法性越高、透明度越高，其有效性越高。

二、"资源支持层"的有效性评价标准

制度是发生在特定的制度环境中的，因此总是要与其所处的环境相适应。所谓的制度环境主要是制度运行所依赖的文化、传统、风俗习惯以及人、财、物等资源。本研究中的资源支持类似于制度或者政策执行之时所处的环境背景，这种环境（资源）支持对制度（政策）的有效性是有一定影响的。我国学者冯务中认为，在制度赖以运行的生态环境中，"制度与环境的契合度越高则有效性越大，契合度越低则有效性越弱" [⑤]。制度与环境的适应性或者环境对制度的支持程度是判断制度有效性的重要标准之一。因此，将适应性作为本科教学质量保障"资源支持层"的有效性判断标准，它包含资源对质量保障活动的支持性与契合性等特征。具体而言，教学质量保障的各类资源与教学质量保障的适应性越高，质量保障活动的有效性越高，则质量保障治理结果的善治程度就越高。

---

① 威廉·N. 邓恩. 公共政策分析导论 [M]. 北京：中国人民大学出版社，2002.

② 贺璇. 大气污染防治政策有效执行的影响因素与作用机理研究 [D]. 武汉：华中科技大学，2016.

③ 张金马. 公共政策分析：概念·过程·方法 [M]. 北京：人民出版社，2004.

④ 周湘林. 中国高校问责制度重构——基于本科教学评估的新制度主义分析 [D]. 武汉：华中科技大学，2010.

⑤ 冯务中. 制度有效性论纲 [J]. 理论与改革，2005(5).

三、"运行管理层"的有效性评价标准

奥兰·扬将国际制度有效性总结为六类，即问题解决的有效性、目标实现的有效性、行为有效性、过程有效性、构成有效性和可评估有效性。其中，过程有效性则是指制度执行是否真实、公正、有效率。Banta 认为，有效性评估在执行环节具有以下特征：能够形成对评估的责任感、不仅关注结果而且还关注过程、对支持执行的环境有一定的要求等。[①] 黎何芳，查吉德认为制度目标设计与制度执行方式之间的相符程度会影响制度执行效果。[②] 因为在制度执行过程中有多种多样的方式可供选择，其中找到与制度本质需求相符的制度执行方式能够提高制度的有效性。相对于政策层面而言，政策执行过程的合理性则体现在其政策执行机构的健全程度、政策传播的适宜程度、政策执行监督机制的完善程度等方面。因此，将规范性作为质量保障"运行管理层"的有效性评判标准，它包括组织机构的健全程度、运行过程的公开性、政策的可执行与可操作性、监督评价机制的完善性等特征。具体而言，教学质量保障治理过程中对主体的回应性越高、组织制度设置越规范，则说明质量保障活动的有效性越高，其善治程度也越高。

四、"主体参与层"的有效性评价标准

从制度学角度分析，制度的顺利开展离不开利益主体的参与。这里的主体是指制度产生、运行以及变迁过程中的利益相关者，主要包括制度的制定者与

---

① 周湘林.中国高校问责制度重构——基于本科教学评估的新制度主义分析[D].武汉：华中科技大学，2010.

② 黎何芳,查吉德.高职院校教学督导制度有效性分析——基于新制度经济学的制度分析框架[J].河北师范大学学报（教育科学版），2015(1).

执行者等。[①] 奥莱托·斯拉莫斯托克认为，有效性是建立一种机制以解决或者减轻某种特定问题。这种机制的有效性主要体现在主体与制度的不同互动形式上，即"功利性互动、规范性互动和观念性互动"。褚松燕认为"制度的有效性是制度被主体认同和遵守的程度"[②]。冯务中则认为制度有效性是制度对主体行为产生影响的效力。两位学者都肯定了主体及其行为之于制度有效性的重要意义，不同的是，前者肯定了主体的行为及其结果与其目标有着密不可分的关系，认为主体对制度的认同与遵守的重要衡量依据是主体行为与制度预设目标的符合程度；而后者则重在强调制度产生的影响及其程度，尤其是它对主体行为产生的影响及其程度。

从政策的角度进行分析，政策的有效性与政策主体和政策客体有着密切关系。有学者认为政策主体的意愿对政策有效执行有重要影响。还有学者则认为政策的有效性是政策主体意愿与政策客体行为的一致性，两者一致则认为政策有效，两者不一致则认为政策无效。[③]从本质上来说，就是政策客体对政策的认可与遵守程度，可以通过客体行为与政策目标的符合程度进行判断。因此，将符合性作为"主体参与层"的有效性评判标准，具体包括主体参与程度、主体间的权责分配、主体行为与目标的符合性、主体对制度的认同性等特征。具体而言，教学质量保障主体的参与程度越高、承担责任越大、主体行为与质量保障目标的符合性越高，质量保障活动就越有效果，其善治程度越高。

五、"产出保障层"的有效性评价标准

有学者认为，实然状态的制度有效性是从制度所产生的实际结果对其进行

---

① 蓟正明.新制度主义政治学关于制度有效性的三维解读 [J].理论与改革，2012(1).

② 褚松燕.论制度的有效性——人们何以遵守规则 [J].天津社会科学，2010(4).

③ 周湘林.中国高校问责制度重构——基于本科教学评估的新制度主义分析[D].武汉:华中科技大学，2010.

判断。① 例如，制度结果是否实现了制度目标，并具有一定的长效性。周湘林认为这种长效性体现在效应和效能两个方面。赵立莹认为评估有效性包括评估效度和评估效果两个方面，其中评估结果的利用程度及其所产生的影响力是衡量评估效果的重要标准。

就政策而言，一般分为政策制定、政策执行和政策实施结果三个阶段。其中，政策执行的结果或者产出及其所产生的影响是常见的判断政策有效性的标准。袁振国认为，教育政策的结果评价涉及效益、效率和社会综合影响三方面。还有学者认为教育政策的有效性是上述三个方面的统一，其关键是实现教育政策公共利益的最大化。因此，将长效性作为"产出保障层"的有效性评判标准，它包括结果影响力的持久性、实现公共利益最大化的程度等特征。具体而言，教学质量保障治理结果越具有长效性，则说明质量保障活动的有效性越高，其善治程度越高。

综上所述，本科教学质量保障有效性综合评判标准主要表现为目标决策的合理性、资源支持的适应性、运行管理的规范性、主体参与的符合性、产出保障的长效性五个方面，详见表7-1。在研究时最先要考虑的是质量保障制度本身的合法性与正当性等问题。从本质上讲，这些衡量本科教学质量保障善治的标准实际上就是对其共治结果进行有效性判断的重要依据。

表7-1　有效性综合评判标准

评价标准	标准说明
目标决策的合理性	明确性、针对性、引导性、可执行性、科学性、公开性等
资源支持的适应性	支持程度、契合程度等
运行管理的规范性	组织健全程度、政策可操作性、监督机制完善程度等
主体参与的符合性	行为选择的合目的性、制度认同性、活动参与程度等
产出保障的长效性	实现公共利益最大化、影响力持久等

① 李重照.公开选拔领导干部制度有效性研究 [D].上海：复旦大学，2013.

第二节

教学质量保障有效性评价研究设计

一、样本选择与描述

（一）案例基本情况

H 大学是一所已接受"审核评估"的教育部直属高校。该校于 2017 年 9 月入选国家一流大学建设名单，成为新时期的"双一流"建设大学，同时还是前文质性分析的主要研究对象之一。本研究选择 H 大学作为个案，对其本科教学质量保障有效性进行研究，一方面是因为对其本科教学质量保障现实情况比较了解并且能够较为便捷地获取调研数据；另一方面，还可以将该校教学质量保障实际运行情况的综合评价结果，与该校审核评估结果进行比较分析，从不同方面有针对性地提出改进建议。

（二）问卷设计与说明

在前文研究的基础上，本研究设计了一流大学本科教学质量保障有效性调查问卷。问卷内容主要包括两部分，第一部分属于基本信息调查，主要是对被调查对象的职业、性别、年龄等人口信息情况进行统计。第二部分是研究被调查对象对本校本科教学质量保障实施效果的满意程度，其中包括"目标决策层""资源支持层""运行管理层""主体参与层""产出保障层"五个维度，每个维度下面包括若干具体测项。问卷设计采用的是李克特 5 级量表，对研究问题进行等距测量。问卷选项分别是"完全不同意""基本不同意""不确定""基本同意""完全同意"，对其进行赋值依次为"1""2""3""4""5"。问卷主要是测量被调查者对本科教学质量保障实施效果的态度，数字越大表示被调查者对测量内容的赞成程度越高（详见附录1）。

（三）数据获取与样本描述

根据本研究设置的题目，预计样本容量应该在120~240，使样本数量能以达到观测数量的5~10倍。现场发放纸质问卷240份，实际回收197份问卷，问卷回收率为82.1%。剔除一些内容填写不全以及个别信息有误的无效问卷20份，共计回收有效问卷为177份，问卷有效率为73.8%。总体来看，实际的有效样本容量是观测数量的7.4倍，在样本容量区间之内，研究取样符合理论要求。在177份有效调查问卷中，调查对象主要是以学校范围内的学生、教师和管理者为主，其中学生所占比例最大为65.5%，教师和管理者共占34.5%。就其性别所占比例而言，男性占比略高于女性，分别为54.2%和45.8%，与该校性别比例情况基本吻合。

在进行调查研究时，对研究对象进行了事先控制，选取的是学校相关院系负责本科教学工作的相关管理者或教师，以及在学校学习与生活两年及以上的学生或者是在院系参与助教或者助管工作的学生助理等。尽管如此，调研结果显示对本科教学质量保障工作比较了解和非常了解的人数共占23.2%，其中有些了解的人占比为42.9%，在调研时发现他们只是对本科教学质量保障活动中的部分环节有所了解，例如教学管理、教学评价等，但是并不了解其活动的整个过程。不太了解和很不了解的人占比共计33.9%。总体来说，调查对象对本科教学质量保障的了解程度一般。

二、信度与效度分析

（一）信度分析

本研究运用SPSS统计软件进行信度分析，结果显示，24个测量项目的克朗巴哈系数为 0.921，大于 0.7 的基本取值标准，表明问卷内部一致性很高。5
个潜变量及其具体测量项目的信度检验结果均大于 0.7 的基本取值标准，其中
目标决策、运行管理、产出保障三个潜变量的取值均大于 0.8，说明调查内容
的内部一致性较高，见表 7-2。

表7-2 各潜变量信度分析结果

潜变量	具体测项数	克朗巴哈系数 α
目标决策	3	0.838
资源支持	5	0.718
运行管理	9	0.870
主体参与	3	0.704
产出保障	4	0.830

（二）效度分析

本研究运用 SPSS 统计分析软件对调查问卷的总效度进行分析（见表 7-3），
KMO 取值为 0.889，大于 0.8，其中近似卡方值为 1963.516，自由度为 276，
Bartlett 球形检验的显著水平是 0.000，小于概率 P 值 0.05，因此要拒绝零假设，
表明原有变量之间存在显著相关性，适合做因子分析，问卷建构效度良好。

表7-3 量表的KMO和Bartlett检验

取样足够度的 KMO 度量		0.889
Bartlett 的球形度检验	近似卡方	1963.516
	自由度（df）	276
	显著性（Sig.）	0.000

第三节

教学质量保障有效性综合评价

一、模糊综合评价法

1965 年，美国自动控制专家查德教授提出"模糊集合理论"的概念，用来表达事物的不确定性。模糊综合评价法（Fuzzy Comprehensive Evaluation）是基于模糊数学的一种综合评价方法，其基本原理是借助模糊集合的概念对一些难以量化或者边界不清的因素经过数学处理，使其能够以量化（或者数学表达式）的形式呈现，进而提高研究的科学性与有效性。换言之，就是通过构造等级模糊子集，确定被评判事物的隶属度，构造模糊评价矩阵，然后利用模糊变换原理对各指标进行综合评价，最终确定评价对象所属等级。具体来说，模糊综合评价法的基本步骤如下。

1. 建立评价因素集

评价因素集是所有影响评价对象的因素的集合，通常是用字母 U 表示，其表达公式为：$U=(u_1, u_2, u_3, \cdots, u_n)$，其中集合中的元素 u_j（$j=1, 2, 3, \cdots, n$）则表示影响评价对象的第 j 个因素，共计有 n 个因素。

2. 确定评价权重集

评价权重集是指由各评价因素的权重组成的集合，通常是用字母 W 表示，其表达公式为 $W=(w_1, w_2, w_3, \cdots, w_n)$，其中各因素 w_j（$j=1, 2, 3, \cdots, n$）的权重分别为 w_j（$w=1, 2, 3, \cdots, n$）。

3. 确定综合评价集

综合评价集是评价者对评价对象的各种评价结果的集合，通常是用字母 V 表示，其表达公式为 $V=(v_1, v_2, v_3, \cdots, v_m)$，其中各因素 v_j（$j=1, 2, 3, \cdots, m$）的评语分别为 v_j（$v=1, 2, 3, \cdots, m$）。

4. 单因素评价集，建立关系矩阵

在评价因素集 U 中，第 j 个因素对评价集第 k 个元素的隶属度标记为 r_{jk}，用模糊集合（$R_j \mid u_j$）=（$r_{j1}, r_{j2}, r_{j3}, \cdots, r_{jm}$）表示第 j 个因素的评价结果。n 个因素的评价集 $R_1, R_2, \cdots, R_n$ 组成评价关系矩阵 R，其表达式为：

$$R = \begin{bmatrix} R_1 & \mid & u_1 \\ R_2 & \mid & u_2 \\ \cdots & & \cdots \\ R_n & \mid & u_n \end{bmatrix} = \begin{bmatrix} r_{11} & r_{12} & \cdots & r_{1m} \\ r_{21} & r_{22} & \cdots & r_{2n} \\ & \cdots & \cdots & \\ r_{n1} & r_{n2} & \cdots & r_{nn} \end{bmatrix}$$ （公式 7.1）

5. 模糊综合评价

模糊综合评价结果向量 B 是由各单因素评价集组成的关系矩阵 R 与各因素的重要程度即评价权重集 W 根据矩阵乘法运算得出的，其表达公式为 $B=R \cdot W$。

$$B=(w_1, w_2, w_3, \cdots, w_n) \begin{bmatrix} r_{11} & r_{12} & \cdots & r_{1m} \\ r_{21} & r_{22} & \cdots & r_{2m} \\ \cdots & \cdots & \cdots & \cdots \\ r_{j1} & r_{j2} & \cdots & r_{jm} \\ r_{n1} & r_{n2} & \cdots & r_{nm} \end{bmatrix}$$ （公式 7.2）

二、教学质量保障有效性一级模糊综合评价

根据本科教学质量保障有效性评价标准，并结合问卷调查结果，对 H 大学的本科教学质量保障有效性进行模糊综合评价。模糊综合评价分为两级，其中一级模糊综合评价是针对每一准则层所对应的具体指标进行评价，而二级模糊综合评价则是在一级评价基础上对准则层进行的综合评价。

（一）目标决策合理性的综合评价

影响目标决策合理性的三个因素分别是 T_1 "学校战略发展目标十分明确"、T_2 "学校办学使命十分明确"、T_3 "校领导对本科教学的重视程度十分高"。各要素的评价分为 v_1 "完全不同意"、v_2 "基本不同意"、v_3 "不确定"、v_4 "基本同意"、v_5 "完全同意"五个等级。根据上述综合评价步骤可知，"目标决策层"的因素集 $U_T=$（u_{T1}，u_{T2}，u_{T3}），评价集 $VT=$（v_{T1}，v_{T2}，v_{T3}，v_{T4}，v_{T5}）。

对抽样调查结果进行统计分析可知，T_1 "学校战略发展目标十分明确"的评价结果是：0.6% 的人表示"完全不同意"，1.7% 的人表示"基本不同意"，12.4% 的人表示"不确定"，50.8% 的人表示"基本同意"，34.5% 的人表示"完全同意"。因此，T_1 "学校战略发展目标十分明确"的评价向量则记为（0.006 0.017 0.124 0.508 0.345）。同理，T_2 "学校办学使命十分明确"的评价向量为（0.000 0.028 0.152 0.475 0.345），T_3 "领导对本科教学的重视程度十分高"的评价向量为（0.006 0.034 0.158 0.395 0.407）。由这三个测量项目所组成的评价向量矩阵 RT 则可表示为：

$$R_T = \begin{bmatrix} 0.006 & 0.017 & 0.124 & 0.508 & 0.345 \\ 0.000 & 0.028 & 0.152 & 0.475 & 0.345 \\ 0.006 & 0.034 & 0.158 & 0.395 & 0.407 \end{bmatrix}$$

在第六章中，已经通过客观赋权法计算出了不同指标层的指标权重，其中上述"目标决策层"三个影响因素的权重分别是 0.34、0.33、0.33，即 $W_T=$（0.34 0.33 0.33）。接下来，根据综合评价模型 $B=R \cdot W$ 计算"目标决策层"的综合评价结果，具体如下：

$$B_T = W_T \cdot R_T = (0.34\ 0.33\ 0.33) \begin{bmatrix} 0.006 & 0.017 & 0.124 & 0.508 & 0.345 \\ 0.000 & 0.028 & 0.152 & 0.475 & 0.345 \\ 0.006 & 0.034 & 0.158 & 0.395 & 0.407 \end{bmatrix}$$

对上述矩阵进行乘法计算，并进行归一化处理之后的计算结果显示：$BT=$（0.004 0.026 0.144 0.461 0.365）。

根据模糊综合评价结果可知，本科教学质量保障目标决策合理性的程度由高至低分别为 36.5%、46.1%、14.4%、2.6%、0.4%，其中"完全同意"和"基本同意"共计占比82.6%，说明该校目标决策的合理性较高，能够获得师生员工的广泛认同。

（二）资源支持层适应性的综合评价

影响资源支持适应性的五个因素分别是 R_1"学校教学经费配置十分合理"、R_2"学校教室资源利用率十分高"、R_3"学校优质课程资源十分充足"、R_4"学校师资队伍结构十分合理"、R_5"教师本科教学投入程度十分高"。各要素的评价分为 v_1"完全不同意"、v_2"基本不同意"、v_3"不确定"、v_4"基本同意"、v_5"完全同意"五个等级。根据上述综合评价步骤可知，"资源支持层"的因素集 U_R=（u_{R1}，u_{R2}，u_{R3}，u_{R4}，u_{R5}），评价集 V_R=（v_{R1}，v_{R2}，v_{R3}，v_{R4}，v_{R5}）。

对抽样调查结果进行统计分析可知，R_1"学校教学经费配置十分合理"的评价结果是：有0.6%的人表示"完全不同意"，7.3%的人表示"基本不同意"，35%的人表示"不确定"，41.8%的人表示"基本同意"，15.3%的人表示"完全同意"。因此，R_1"学校教学经费配置十分合理"的评价向量则记为（0.006 0.073 0.35 0.418 0.153）。同理，R_2"学校教室资源利用率十分高"的评价向量则记为（0.011 0.045 0.141 0.508 0.294），R_3"学校优质课程资源十分充足"的评价向量则记为（0.000 0.045 0.209 0.565 0.181），R_4"学校师资队伍结构十分合理"的评价向量则记为（0.000 0.062 0.328 0.435 0.175），R_5"教师本科教学投入程度十分高"的评价向量则记为（0.006 0.062 0.254 0.446 0.232）。

由这五个测量项目所组成的评价向量矩阵 R_R 则可表示为：

$$R_R = \begin{bmatrix} 0.006 & 0.073 & 0.350 & 0.418 & 0.153 \\ 0.011 & 0.045 & 0.141 & 0.508 & 0.294 \\ 0.000 & 0.045 & 0.209 & 0.565 & 0.181 \\ 0.000 & 0.062 & 0.328 & 0.435 & 0.175 \\ 0.006 & 0.062 & 0.254 & 0.446 & 0.232 \end{bmatrix}$$

"资源支持层"五个影响因素的权重分别是0.17、0.16、0.21、0.22、0.24，即 W_R=（0.17 0.16 0.21 0.22 0.24）。接下来，根据综合评价模型 $B=R·W$ 计算"资源支持层"的综合评价结果，$B_R=R_R·W_R$ 具体如下：

$$B_R = (0.17\ 0.16\ 0.21\ 0.22\ 0.24) \begin{bmatrix} 0.006 & 0.073 & 0.350 & 0.418 & 0.153 \\ 0.011 & 0.045 & 0.141 & 0.508 & 0.294 \\ 0.000 & 0.045 & 0.209 & 0.565 & 0.181 \\ 0.000 & 0.062 & 0.328 & 0.435 & 0.175 \\ 0.006 & 0.062 & 0.254 & 0.446 & 0.232 \end{bmatrix}$$

对上述矩阵进行乘法计算，并进行归一化处理之后的计算结果是：B_R=（0.004 0.058 0.259 0.474 0.205）。

根据模糊综合评价结果可知，本科教学质量保障资源支持的适应性由高至低分别为20.5%、47.4%、25.9%、5.8%、0.4%。具体而言，调查对象"基本同意"资源支持的适应性很高，所占比例为47.4%，"完全同意"资源支持适应性很高所占比例为20.5%，对其"不确定"及其以下所占比例共计为32.1%。这说明，本科教学质量保障资源的适应性虽然较高，但是还有较大的提升与改进空间。

（三）运行管理规范性的综合评价

影响运行管理规范性的九个因素分别是 P_1 "学校教学质量管理机构十分健全"、P_2 "学校教师教学工作考核政策十分合理"……P_9 "质量监控与反馈在质量保障中的主导作用十分显著"。根据上述综合评价步骤可知，"运行管理层"的因素集 U_P=（u_{P1}, u_{P2}, …, u_{P8}, u_{P9}），评价集 V_P=（v_{P1}, v_{P2}, v_{P3}, v_{P4}, v_{P5}）。

对抽样调查结果进行统计分析可知，P_1 "学校教学质量管理机构十分健全"的评价结果是：没有人表示"完全不同意"，有5.1%的人表示"基本不同意"，35.6%的人表示"不确定"，45.8%的人表示"基本同意"，13.6%的人表示"完全同意"。因此，P_1 "学校教学质量管理机构十分健全"的评价向量则记为（0.000 0.051 0.356 0.458 0.136）。同理，P_2 "学校教师教学工作考核政策十分合理"的评价向量记为（0.000 0.107 0.435 0.333 0.124），P_3 "本科教学管理文件制定十分合理"的评价向量记为（0.000 0.051 0.384 0.458 0.107），P_4 "教学过程管理与监控十分合理"的评价向量记为（0.006 0.051 0.299 0.514 0.130），P_5 "教学状态数据利用程度十分高"的评价向量记为（0.000 0.062 0.441 0.390 0.107），P_6 "本科教学质量标准设置十分合理"的评价向量记为（0.000 0.040 0.395 0.446

0.119），P_7"校院两级教学质量监控体系十分健全"的评价向量记为（0.000 0.079 0.412 0.401 0.107），P_8"教学质量评价方式非常多样化"的评价向量记为（0.023 0.096 0.316 0.401 0.164），P_9"质量监控与反馈在质量保障中的主导作用十分明显"的评价向量记为（0.000 0.096 0.350 0.469 0.085）。

由这九个测量项目所组成的评价向量矩阵 R_P 则可表示为：

$$R_P=\begin{bmatrix} 0.000 & 0.051 & 0.356 & 0.458 & 0.136 \\ 0.000 & 0.107 & 0.435 & 0.333 & 0.124 \\ 0.000 & 0.051 & 0.384 & 0.458 & 0.107 \\ 0.006 & 0.051 & 0.299 & 0.514 & 0.130 \\ 0.000 & 0.062 & 0.441 & 0.390 & 0.107 \\ 0.000 & 0.040 & 0.395 & 0.446 & 0.119 \\ 0.000 & 0.079 & 0.412 & 0.401 & 0.107 \\ 0.023 & 0.096 & 0.316 & 0.401 & 0.164 \\ 0.000 & 0.096 & 0.350 & 0.469 & 0.085 \end{bmatrix}$$

"运行管理层"九个影响因素的权重分别是 0.08、0.09、0.14、0.15、0.09、0.15、0.11、0.11、0.08，即 W_P=（0.08 0.09 0.14 0.15 0.09 0.15 0.11 0.11 0.08）。接下来，根据综合评价模型 $B=R \cdot W$ 计算"运行管理层"的综合评价结果，即有 $B_P=R_P \cdot W_P$。对上述矩阵进行计算，并对其进行归一化处理之后的计算结果显示 B_P=（0.003 0.067 0.373 0.436 0.121）。

根据模糊综合评价结果可知，本科教学质量保障运行管理的规范性由高至低分别为 12.1%、43.6%、37.3%、6.7%、0.3%。具体而言，调查对象"基本同意"运行管理规范性很高所占比例为 43.6%，"完全同意"运行管理规范性很高所占比例仅为 12.1%，对其"不确定"及其以下所占比例共计为 44.3%。这说明，本科教学质量保障运行管理的规范性有待提升。

（四）主体参与符合性的综合评价

影响主体参与符合性的三个因素分别是 S_1"教师参与教学质量管理活动的程度十分高"、S_2"管理者履行教育管理职责的程度十分高"、S_3"在校生参与质量管理活动的渠道十分明确"。 根据上述综合评价步骤可知，"主体参与层"的因素集 U_S=（u_{S1}，u_{S2}，u_{S3}），评价集 V_S=（v_{S1}，v_{S2}，v_{S3}，v_{S4}，v_{S5}）。

对抽样调查结果进行统计分析可知，S_1"教师参与教学质量管理活动的程度十分高"评价结果是：有 0.6% 的人表示"完全不同意"，有 14.1% 的人表示"基本不同意"，37.3% 的人表示"不确定"，40.1% 的人表示"基本同意"，7.9% 的人表示"完全同意"。因此，S_1"教师参与教学质量管理活动的程度十分高"的评价向量则记为（0.006 0.141 0.373 0.401 0.079）。同理，S_2"管理者履行教育管理职责的程度十分高"的评价向量则记为（0.000 0.040 0.311 0.520 0.130），S_3"在校生参与质量管理活动的渠道十分明确"的评价向量则记为（0.023 0.124 0.345 0.412 0.096）。

由这三个测量项目所组成的评价向量矩阵 RS 则可表示为：

$$R_S = \begin{bmatrix} 0.006 & 0.141 & 0.373 & 0.401 & 0.079 \\ 0.000 & 0.040 & 0.311 & 0.520 & 0.130 \\ 0.023 & 0.124 & 0.345 & 0.412 & 0.096 \end{bmatrix}$$

"主体参与层"三个影响因素的权重分别是 0.30、0.38、0.32，即 W_S=（0.30 0.38 0.32）。接下来，根据综合评价模型 $B=R \cdot W$ 计算"主体参与层"的综合评价结果，即有 $B_S=R_S \cdot W_S$。对上述矩阵进行计算，并对其进行归一化处理之后的计算结果显示：B_S=（0.009 0.097 0.340 0.450 0.104）。

根据模糊综合评价结果可知，本科教学质量保障主体参与符合性由高至低分别为 10.4%、45.0%、34.0%、9.7%、0.9%。具体而言，调查对象"基本同意"主体参与符合性很高所占比例为 45%，"完全同意"主体参与符合性很高所占比例仅为 10.4%，对其"不确定"及其以下所占比例共计为 44.6%。这说明，本科教学质量保障主体参与符合性不高，有待进一步提升。

（五）产出保障长效性的综合评价

影响产出保障长效性的四个因素分别是 O_1"在校生的能力素养十分强"、O_2"在校生的学业知识十分扎实"、O_3"毕业生就业质量（水平）十分高"、O_4"毕业生的社会满意度十分高"。根据上述综合评价步骤可知，"产出保障层"的因素集 U_O=（u_{O1}, u_{O2}, u_{O3}, u_{O4}），评价集 V_O=（v_{O1}, v_{O2}, v_{O3}, v_{O4}, v_{O5}）。

对抽样调查结果进行统计分析可知，O_1"在校生的能力素养十分强"评价结果是，没有人表示"完全不同意"，有 11.9% 的人表示"基本不同意"，23.7% 的人表示"不确定"，45.8% 的人表示"基本同意"，18.6% 的人表示"完全同意"。因此，O_1"在校生的能力素养十分强"的评价向量则记为（0.000 0.119 0.237 0.458 0.186）。同理，O_2"在校生的学业知识十分扎实"的评价向量则记为（0.006 0.079 0.243 0.446 0.226），O_3"毕业生就业质量（水平）十分高"的评价向量则记为（0.000 0.040 0.243 0.525 0.192），O_4"毕业生的社会满意度十分高"的评价向量则记为（0.000 0.017 0.220 0.503 0.260）。

由这四个测量项目所组成的评价向量矩阵 R_O 则可表示为：

$$R_O = \begin{bmatrix} 0.000 & 0.119 & 0.237 & 0.458 & 0.186 \\ 0.006 & 0.079 & 0.243 & 0.446 & 0.226 \\ 0.000 & 0.040 & 0.243 & 0.525 & 0.192 \\ 0.000 & 0.017 & 0.220 & 0.503 & 0.260 \end{bmatrix}$$

"产出保障层"四个影响因素的权重分别是 0.18、0.22、0.30、0.30，即 W_O=（0.18 0.22 0.30 0.30）。接下来，根据综合评价模型 $B=R \cdot W$ 计算"主体参与层"的综合评价结果，即有 $B_O=R_O \cdot W_O$。对上述矩阵进行计算，并对其进行归一化处理之后的计算结果显示：B_O=（0.001 0.056 0.235 0.489 0.219）。

根据模糊综合评价结果可知，本科教学质量保障产出保障的长效性由高至低分别为 21.9%、48.9%、23.5%、5.6%、0.1%。具体而言，调查对象"基本同意"产出保障长效性很高所占比例为 48.9%，"完全同意"产出保障长效性很高所占比例为 21.9%，对其"不确定"及其以下所占比例共计为 29.2%。这说明，本科教学质量保障产出保障长效性比较高。

三、教学质量保障有效性二级模糊综合评价

影响本科教学质量保障有效性的因素主要有五个方面，即目标决策的合理性、资源支持的适应性、运行管理的规范性、主体参与的符合性、产出保障的长效性。对这五个方面的评价等级可以划分为"完全不同意""基本不同意""不

确定""基本同意""完全同意"五个等级。据此，我们设有效性评价因素集为 U，则 $U=(U_T, U_R, U_P, U_S, U_O)$，则其评价集为 $V=(v_1, v_2, v_3, v_4, v_5)$，其中 v_1 代表"完全不同意"，v_2 代表"基本不同意"，v_3 代表"不确定"，v_4 代表"基本同意"，v_5 代表"完全同意"。

通过前文对不同影响因素的分析以及模糊综合评价可知，调查对象对目标决策合理性的认同程度由高至低分别是 36.5%、46.1%、14.4%、2.6%、0.4%，说明对目标决策的合理性调查中有 36.5% 的人"完全同意"，46.1% 的人"基本同意"，有 14.54% 的人"不确定"，有 2.6% 的人"基本不同意"，有 0.4% 的人"完全不同意"。因此，目标决策合理性的评价向量则可记为（0.004 0.026 0.144 0.461 0.365）。同理，资源支持适应性的评价向量记为（0.004 0.058 0.259 0.474 0.205），运行管理规范性的评价向量记为（0.003 0.067 0.373 0.436 0.121），主体参与符合性的评价向量记为（0.009 0.097 0.340 0.450 0.104），产出保障长效性的评价向量记为（0.001 0.056 0.235 0.489 0.219）。

由这五个影响因素所组成的有效性评价向量矩阵 R 则可表示为：

$$R=\begin{bmatrix} 0.004 & 0.026 & 0.144 & 0.461 & 0.365 \\ 0.004 & 0.058 & 0.259 & 0.474 & 0.205 \\ 0.003 & 0.067 & 0.373 & 0.436 & 0.121 \\ 0.009 & 0.097 & 0.340 & 0.450 & 0.104 \\ 0.001 & 0.056 & 0.235 & 0.489 & 0.219 \end{bmatrix}$$

前文已经通过客观赋权法计算出了不同指标层的指标权重，其中上述"目标决策层""资源支持层""运行管理层""主体参与层""产出保障层"五个影响质量保障有效性的因素的权重分别是 0.16、0.21、0.30、0.15、0.18，即 $W=$（0.16 0.21 0.30 0.15 0.18）。接下来，根据综合评价模型 $B=R \cdot W$ 计算本科教学质量保障有效性的二级模糊综合评价结果，具体如下：

$$B=(0.16\ 0.21\ 0.30\ 0.15\ 0.18)\begin{bmatrix} 0.004 & 0.026 & 0.144 & 0.461 & 0.365 \\ 0.004 & 0.058 & 0.259 & 0.474 & 0.205 \\ 0.003 & 0.067 & 0.373 & 0.436 & 0.121 \\ 0.009 & 0.097 & 0.340 & 0.450 & 0.104 \\ 0.001 & 0.056 & 0.235 & 0.489 & 0.219 \end{bmatrix}$$

对上述矩阵进行计算，并对其进行归一化处理之后的计算结果显示 B=（0.004 0.061 0.283 0.459 0.193）。

根据二级模糊综合评价结果可知，本科教学质量保障有效性由高至低分别为 19.3%、45.9%、28.3%、6.10%、0.4%。具体而言，调查对象"基本同意"本科教学质量保障有效性很高所占比例为 45.9%，"完全同意"本科教学质量保障有效性很高所占比例为 19.3%，对其"不确定"及其以下所占比例共计为 34.8%。整体看，H 大学本科教学质量保障有效性程度处于中等偏上水平，为 65.2%，能够被学校内的广大师生所认同。但是，学校内部本科教学质量保障仍有较大的提升与改进空间。

第四节

有效性综合评价结果及成因分析

前文已对"共治""善治""有效性"三者之间的关系进行了分析，即"有效性"是衡量"共治"结果距离或者达到善治的程度。根据上述二级模糊综合评价结果可知，H 大学师生员工对本科教学质量保障有效性的认同程度为65.2%，属于中等稍微偏上的水平。如果从共治的角度进行分析，H 大学的本科教学质量保障共同治理结果趋向于善治状态，即距离善治状态还有一定的距离。本研究将根据上述模糊综合评价结果，并结合前文的质性分析材料，即 H 大学的《审核评估报告》（以下简称"报告"），对这两种类型的评价结果进行对比分析。这既可以从不同维度对产生这一结果的主要原因进行分析，又可以对研究设计的有效性评价指标体系的合理性进行进一步验证。

一、目标决策合理性认同度较高，学院的目标执行力有待提升

就"目标决策层"而言，"报告"中指出，该校"办学目标明确，有能够实现目标的支持条件"，"在办学目标引导下确立了本科教学的中心地位"，"学校领导高度重视本科教学工作"，能够"把本科教育作为立校之本"等。"报告"中关于"目标决策层"的评价持肯定态度，表明学校目标设置具有明确性与引导性，并且在实践中具有可执行性。一级模糊综合评价结果显示，调查对象对"目标决策合理性"的认同程度为82.6%，认同度比较高。这与"报告"中评估专家所调查的结果基本相符。

虽然学校有明确的"办学定位"与"发展目标"，且这些政策设计与发展方略符合学校的阶段性或长期发展需求。但是，仍有 17.4% 的调查对象对学校

"目标决策的合理性"表示不确定或不认同，其中不确定的对象所占比例较高有14.4%，原因包括如下两方面。

其一，学校的师生员工对学校制定的发展目标缺乏知情权、参与权和监督权。在实际工作中学校对其发展方略存在宣传不到位的情况，学校中的一些师生在实际的工作、学习与生活中很难接触学校层面的整体发展方针，更别说是学校外部的社会公众了。这导致他们对学校的"发展目标""办学使命""领导动向"等难以把握，所持态度模棱两可。

其二，目标管理不到位。学院层面对于学校目标的理解不够透彻，导致执行偏差。例如，"报告"中也指出，"有的院系在理解学校人才目标定位和培养方案、课程设置的关系上还有差距"。同时，学院还存在对目标的分解不够科学合理，导致执行过程中出现"疲于应付"等问题。例如，部分教师表示"学校政策很好，但是学院做得却不好"。这充分说明，学校在下放院系自主权的同时还要加强过程监督与反馈机制，确保工作落实到位。

二、资源支持适应性认同度一般，师资力量与教学投入有待加强

就"资源支持层"而言，"报告"中的评价体现在如下几点，学校有"专项经费投入支持本科教学改革"，能够"优先安排教学经费"，在"分配上向教学业绩倾斜"，学校"着力打造特色课程体系"，确保"师资规模稳定"，"教师教学能力强能满足基本教学要求"等。模糊综合评价结果显示，师生员工对本科教学活动中"资源支持适应性"的认同程度为67.9%，处于中等稍微偏上水平。这说明，学校所提供的教学资源基本上能够支持本科教学与管理活动，与"报告"中评估专家的评价结果基本吻合。

但是，仍有32.1%的调查对象对"资源支持适应性"表示不确定或者不认同，其中调查对象对"学校经费配置""师资队伍结构""教师本科教学投入"三个方面的认同程度不高。"报告"中，专家建议学校要进一步加大对"改善教学条件和教学改革经费的支持力度"。同时，"报告"明确指出学校存在的"生

师比例明显高于同水平大学，分学科、分专业的生师比例不平衡"等问题。"教师本科教学投入"则主要体现在师生交流程度不高、教授给本科生授课程度偏低等方面。

从根本上讲，"资源支持层"的关键问题在于学校教师资源配置失衡。其中，生师比直接影响着学校的人力资源配置效率，并且还从侧面反映学校的教学质量。高等教育大众化的发展阶段，一流大学同样承担了繁重的大众化任务，导致学校生师比结构发生了变化，极大地损害了提升与改进精英教育质量的基础。[①]在高等教育普及化发展阶段，还有一些一流大学仍然面临着大众化所带来的问题与矛盾。另一方面，有调查研究显示，"研究性越强的学校，教师在本科教学工作中投入时间所占比重越低"[②]。这与学校的教师评价机制以及政策导向有关，因为涉及教师切身利益的职称评定需要科研产出，科研产出成为衡量教师工作能力的重要指标。正是在这种重科研轻教学的政策导向下，教师将大量时间都用在了学术论文撰写、课题或项目申请上，而不是用在提升自身本科教学能力或者关心学生学习与生活等方面。

三、运行管理规范性认同度偏低，校院两级质量监控机制有待加强

就"运行管理层"而言，"报告"指出，学校构建了"全员参与、全过程监控、全方位覆盖、监控反馈联动"的教学质量保障体系，并且在"组织架构、制度保障、标准纲要、政策措施"等方面比较完备。虽然学校关于质量保障的组织机构较为健全、政策措施具有可操作性，但是评估专家也指出了学校在质量监督方面存在的一些问题，例如，"校院之间没有形成统一规范的质量监控标准""教学环节监控有缺失""教学监控与反馈机制不完备""学校质量监控队

① 范晔.大众化进程中的生师比与大学质量关系——世界一流大学生师比研究的启示[J].教育发展研究，2012(23).

② 王爱敏.我国公立高校教师人力资源的优化配置研究[D].北京:中国矿业大学，2009:28.

伍不够完整"等。模糊综合评价结果显示，该校师生对"运行管理规范性"的认同度偏低为55.7%，其中主要表现在"教学状态数据利用程度""校院两级质量监控体系""教学质量标准设置""教师教学工作考核与评价""质量监控与反馈的主导作用"等方面。由此可见，综合评价结果与专家评价结果虽稍有出入，但部分评价结果却保持了一致。"运行管理层"存在的重点问题体现在校院两级的教学质量监控与反馈上。导致这一问题的根本原因在于，学校层面没有实现真正意义上的"管办评分离"，尤其是学院作为本科教学质量保障主体地位也没有被落到实处。由于"管办评分离"与大学治理具有内在逻辑一致性，因此大学内部质量保障治理同样要实现"管办评分离"，即学校本科教学行政管理、学院办学、第三方机构评价实现相互分离。随着高等教育内涵式发展的深入推进，高校评估对象也逐渐呈现出由学校层面转向学院的发展趋势，学院在办学、质量评价等工作中的主体地位日益凸显。

但是，在实际工作中，校院两级管理体制沿袭了旧有的"科层制"管理模式。由于受到内部治理日趋行政化的影响，学校层面的行政权力存在行政泛化与权力过度集中等问题，导致作为学校重要组织机构的学院所拥有的权力则相对有限。[①] 虽然在"双一流"建设的推动下，推行大学治理重心下移已经成为一种发展趋势，但是在这一过程中仍旧呈现出治理重心"下移有限"和院系"接管乏力"等问题。[②] 本科教学质量保障的治理权主要集中在学校层面，由校党委与校长及主要行政职能部门所掌握，相对来说，院系主要是服从或执行学校的各项工作安排。[③] 同时，学院自身也存在着管理理念落后、组织制度不健全、管理方式缺乏科学性、工作自主性与积极性不高、内部工作落实不到位、组织利益表达不畅、难以摆脱学校"固化治理模式与治理习惯"[④] 的束缚等问题。这些问题共同

---

① 刘冬冬,张新平.高校二级学院治理:困境及其消解路径[J].现代教育管理，2018(6).

② 李成恩,常亮.协商共治:我国大学院系有效治理的可行模式[J].中国高教研究，2017(6).

③ 蒋观丽."双一流"建设视角下的大学院系治理转型策略研究[J].现代教育科学，2018(7).

④ 刘冬冬,张新平.高校二级学院治理:困境及其消解路径[J].现代教育管理，2018(6).

制约了学院办学主体和质量保障主体地位的落实，进而影响了学校层面"管办评分离"的实现。

另一方面，学校在质量保障过程中存在的监督和评价相对薄弱等问题也影响了学校"管办评分离"的实现。从宏观上看，第三方评价机构是独立于政府与高校的中介组织，在政府与高校之间具有缓冲作用，并且能代表广大社会公众或市场等多元主体的价值诉求。从中观上看，第三方评价机构是学校内部独立于行政管理部门且专门负责评价与监督事宜的机构。经验表明，学校内部本科教学质量保障活动主要是以本科教学评估活动为基础开展的，因此学校有多种类型的自我评价活动。有学者对全国567所普通本科高校（2015年）中的本科教学质量保障组织机构进行了统计，其中不设专门的教学质量保障组织机构或者是在教务处或本科生院之下专门设立教学质量保障组织机构的高校占89%，仅有11%的高校专门设立了相对独立的教学质量保障组织机构。[①] 这充分说明，学校教学评价组织机构与教学行政管理机构之间存在机构重叠、职责不明等问题。另外，再加上校院两级的质量监控体系不健全等问题，共同导致学校质量评价、监督与反馈等在质量保障活动中不能发挥应有的作用。

四、主体参与符合性认同度偏低，师生主体的利益表达程度有待提高

就"主体参与层"而言，"报告"指出，"学生对教师总体评价是优良"，建议"学校进行教学改革过程中要听取各学院的意见，鼓励全体教师积极参与其中"，并不断完善"教学质量监控队伍"等。这说明，该校师生员工等主体对本科教学质量保障活动的参与程度并不高，主体行为选择与质量保障目标的一致性较低。模糊综合评价结果显示学校师生对本科教学质量保障"主体参与符合性"的认同程度偏低为55.4%，其中"教师参与"和"学生参与"两个方面的认同

---

① 李国强.高校内部质量保障体系建设的成效、问题与展望[J].中国高教研究，2016(2).

度较低，这与评估专家的评价结果基本相符。

一方面，在我国政府是本科教学评估活动的主导者，它既是质量保障的管理主体又是其问责主体，表现出了较强的工具价值取向。大学内部的本科教学质量保障活动是在教育部本科教学评估的推动下开展起来的，因此它对本科教学评估存在一定的"依附性"与"模仿性"。受此影响，学校内部开展的本科教学质量保障活动虽然体现了新的质量管理理念，但是在实际运行过程中仍旧延续了外部问责的价值取向，这种以工具价值取向为主的评估活动造成了质量保障活动中不同主体间信息不对称及其权责关系不对等问题，进一步制约了学校内部不同主体的多元参与性。

另一方面，质量保障主体间权责关系不清、利益表达不畅，导致他们对主体参与认同程度不高。利益表达是质量保障治理过程中实现多元主体利益需求的程序和手段，即保障主体为了获得自身的利益需求而向权力主体进行需求表达并要求得到其关注与回应的过程。利益表达是实现利益诉求的初级阶段，它还包括利益表达反馈等环节。在本科教学质量保障活动中的利益表达主体是教师、行政管理者和学生，他们对本科教学质量保障有着不同的价值诉求。有研究者从利益表达机会、利益表达内容、主体参与监督等方面对研究型大学不同利益主体参与治理的程度进行了研究。研究结果表明，大学"教师在学术事务中的表达机会和表达内容充分性都比较低，并且教师对行政管理者的监督与制约程度也比较低"。[①]同样地，"学生在关乎切身利益的评优评奖等事务决策中表达机会较少，且学生表达内容得到领导理解程度较低，提出意见得到整改与回复程度相对来说也比较低"[②]。这充分说明，一流大学中教师和学生在本科教学质量保障活动中的利益表达程度比较低，这直接影响了他们对质量保障活动的认同程度。

---

① 陈晓光.利益相关者视角下研究型大学治理机制研究[D].大连：大连理工大学，2016:94.

② 陈晓光.利益相关者视角下研究型大学治理机制研究[D].大连：大连理工大学，2016:120.

五、保障结果的长效性认同度高，学生学习自我投入度有待加强

就"产出保障层"而言，"报告"指出，"学校社会声誉好，培养出的学生能力强，得到了社会用人单位的广泛认可"。这说明，该校质量保障结果具有持久的社会影响力，培养出的优秀毕业生能为社会做贡献，实现社会公共利益。模糊综合评价结果显示，学校师生员工比较认同本科教学质量保障结果的长效性，与专家评价结果基本一致。但是，仍有 29.2% 的调查对象对"产出保障长效性"表示不认同或者不确定，其中"在校生能力素养和专业知识"两个方面的认同度偏低。

目前，作为学校内部本科教学质量保障活动核心的学生学习效果评价是国内外教学评估的主要发展趋势。有学者指出，学生学习效果评估的核心是对学生经历大学学习之后综合素养与认知技能的考核，也有学者认为是对大学生在校学习之后知识与能力增值的评价。[1][2]影响学生学习效果的因素具有复杂性与多样性。美国著名学者阿斯汀认为，影响学生学习效果的主要因素是学生对有意义活动的投入程度。随后，乔治·库恩在此基础上又提出了学校为学生学习提供的服务与支持也是影响学生学习效果的因素。可见，学生自身学习投入与学校服务支持是影响学生学习效果的两个主要原因。有研究表明，在一流大学中，学校支持与服务对学生在知识与高阶能力方面取得成果的影响较大，而学生自身投入则对其成绩排名等影响较大。[3]因此，"在校生能力素养与专业知识"的认同度偏低，可能是因为学生自我投入不足，又不能有效利用学校提供的支

---

① 张俊超.本科教育变革与大学生学校效果测评 [J].中国高等教育，2013(11).

② 刘海燕.关注学生学习成效——美国大学学院联合会本科教学改革思想探析[J].教育发展研究，2011(9).

③ 王纾.研究型大学学生学习性投入对学习收获的影响机制研究——基于2009年"中国大学生学情调查"的数据分析 [J].清华教育研究，2011(4).

持与服务造成的。

　　总的来说，H 大学本科教学质量保障有效性综合评价结果与评估专家在评估报告中反馈的结果基本一致。从过程与结果两个维度进行分析，过程维度的本科教学质量保障有效程度低于结果维度，是导致本科教学质量保障有效性综合评价结果不太理想的主要原因。就过程维度而言，综合评价结果显示，有59.4% 的调查者比较认同本科教学质量保障过程有效，认同程度比较低，说明本科教学质量保障过程尚未达到善治状态。其中，与"资源支持适应性"相比较，"运行管理规范性"与"主体参与符合性"的认同程度偏低，是制约过程维度有效性的两个关键因素。就结果维度而言，有效性综合评价结果显示，有76.2% 的调查者认同本科教学质量保障结果有效，认同程度比较高。与过程维度相比较，本科教学质量保障结果更趋向于善治状态，但是与理想化的善治即"善态治理"仍有一定的差距。

第五节

本章小结

　　本章系统论述分析了有效性的评判标准。然后，选取本科教学质量保障建设活动走在全国前列的 H 大学作为个案，在前期研究结果的基础上设计调查问卷，对 H 大学本科教学质量保障的有效性进行了模糊综合评价。综合评价结果表明，该校本科教学质量保障有效性总体上处于中等偏上水平。具体而言，目标决策的合理性认同度较高，学院目标执行力有待提高；资源支持适应性认同度一般，师资力量与教学投入有待加强；运行管理规范性认同度偏低，校院两级质量监控机制有待加强；保障结果的长效性认同度高，但是学生学习自我投入度有待加强。从质量保障活动的过程与结果维度看，该校教学质量保障过程的有效性偏低，其教学质量保障结果的有效性较高。

第八章
由"共治"达"善治"：
提升教学质量保障的有效性

面对上述评价结果，应从哪些方面对其进行改进，以进一步提升本科教学质量保障的有效性，促进质量保障实现善治状态呢？我国学者陈广胜从治理主体、治理目标、治理方式、治理结果四个方面对善治进行了本土化的阐释，即"善者治理""善意治理""善为治理""善态治理"。其中，"善为治理"既包括实现治理的方法与手段，又包括实现善治状态必不可少的条件保障，即治理主体善于利用已有的条件进行治理。本研究将从这四个方面进行系统分析，以提升本科教学质量保障的共治水平，促进其走向"善治"状态。

第一节

"共治"生"善意"：提高质量保障目标的公共性

公共性是高等教育的基本特征与内在属性，其发展程度是衡量高等教育现代化水平的重要标尺。[1] 大学是高等教育的主体，因此其教学、科研和社会服务三大活动的开展也应该围绕"公共利益和公共目的"来进行。有学者指出，作为公共教育场所的大学应该以实现公共利益为其目标，在这一过程中，社会与个体是双重受益者，而且还能够体现出大学的公益、共享、参与以及责任等属性。[2] 可见，大学公共性应首先体现在其目标的公共性上，即大学的办学目标要以实现公共利益为基本价值取向。

一、遵循公共价值，实现善意之治

本科教学质量保障目标实际上是对大学办学目标的保障。大学办学目标是大学在一定发展阶段的总体目标，是大学未来发展的战略指向。在制定大学办学目标时既要考虑国家宏观政策导向，兼顾社会经济发展需求，又要结合学校自身发展定位，遵循人才培养的基本规律。可见，一项科学、合理的大学发展目标应该是民主决策的结果，是协调和平衡学校内外各主体利益并形成统一价值共识的结果。

其一，大学要建立健全民主决策制度，确保目标决策过程的民主性，提高

---

[1] 冯永刚. 高等教育公共性的制度障碍及其破解 [J]. 江苏高教，2014(2).

[2] 胡莉芳. 大学公共性的实现在于公共资源的优化配置 [J]. 北京师范大学学报 (社会科学版)，2008(4).

质量主体的公共意识。质量主体的多元化参与是大学公共性提升的重要标志之一。民主是指在目标决策过程中鼓励多元主体积极参与其中，发挥其应有的作用，提高主体的公共意识。同时，学校在制度设计上还应冲破固有的功利性价值的束缚，彰显民主决策制度设计的公共精神与人文关怀，例如，明确师生员工获取相关信息的渠道，规范师生员工参与决策的形式等。

其二，学校还要增加办学目标的知晓度，这是共治的基本前提。办学目标的知晓度主要体现在内部和外部两个层面：第一层面是学校内部师生员工的知晓度，这主要取决于学校制度设计、主体参与以及宣传力度等。第二层面是学校外部社会公众的知晓度，实际上是学校信息对外公开的程度，这既是一种文化自信的表现，又体现了学校的公共意识。由此可见，目标决策过程的民主性与办学目标的知晓度是提升大学办学目标公共性，并促进本科教学质量保障走向"善意"治理的重要路径。

二、强化治理目标管理，提升院系目标执行力

"执行力是高校竞争力的核心，是学校内部各管理层次以及教职工在共同愿景的牵引下，贯彻落实学校的办学理念、发展规划、战略决策，并实现学校战略目标的能力"。[1] 院系作为高校教学管理工作的执行主体，其核心任务是把学校人才培养相关的战略目标有效落实，[2] 具体如下。

其一，正确处理战略目标制定与执行之间的关系，实现质量保障目标管理具体化。实践是检验学校战略目标设计是否科学合理、能否有效执行的关键环节。学校内部要制定实际可行的执行目标，统筹协调整体目标与局部目标之间的关系，完善各具体目标之间的配套措施等。管理者要全面把握学校的战略目

① 张艳.关于高校执行力建设的思考 [J].国家教育行政学院学报，2011(6):13-16.
② 刘拓,屈波.高校教学管理执行力评价体系构建 [J].高等工程教育研究，2012(4):103-109.

标，以目标驱动为核心，把宏观层面的战略发展目标，分解为可执行的人才培养目标，落实到具体环节。不断完善质量管理的业务流程，保证学校战略目标在学院以及学校的各环节能有效落实，提高目标执行效率。同时，还要通过对质量目标实践过程的有效监管、实践结果的不断检验等修正学校宏观的战略发展目标，减少目标执行的偏差。

其二，明确不同主体的权责利关系，提高院系的执行力。权力和责任的对等能提高管理工作的效率与针对性。其中，院系领导者在整个管理流程中起上传下达的作用，是有效进行信息传递与沟通的关键一环。因此，学校要建立健全组织结构，选用高素质的执行人才，加强学院管理中的"质量执行文化"建设，强化各院系及其负责人的质量执行意识、态度和责任心。同时，还要建立健全与之相匹配的评价与激励机制，明确校、院、系及教师的权责利关系，鼓励二级学院和教师参与目标落实，提高目标执行效果。

第二节

"共治"促"善为":落实大学内部的管办评分离

睢依凡教授指出，我们往往非常重视治理结构之于治理效果的作用，却忽略了治理过程的程序所发挥的重要作用。从共治角度分析，质量保障的治理过程是将资源支持转化为产出保障的"运行管理层"。质量保障共治过程实际上是在回答"如何治理"的问题，即运用何种方式或者机制实现治理目的。由于资源支持是运行管理赖以运行的基础，因此也将"资源支持层"纳入质量保障治理过程进行研究。

调查结果显示，质量保障的监督反馈机制不完善、人力资源支持不充分是制约本科教学质量保障活动有效性的关键因素。从根本上讲，主要是因为学校在内部质量保障建设过程中没有落实"管办评分离"，学校行政部门集管理、办学、评价于一体，既是运动员又是裁判员，院系等基层学术组织缺乏办学自主权，并且学校质量保障部门（评价部门）又缺乏独立性。为此，需要从落实院系办学自主权、健全质量评价与反馈机制、发挥管理部门的宏观调控作用三方面来推进学校内部本科教学质量保障的"管办评分离"改革，提高本科教学质量保障的治理能力，进而推动质量保障向"善为"迈进。

一、落实院系办学自主权

目前，我国高校的组织结构是由校、院（学部）、系（所、中心）三级组成的，其中院系是学校人才培养的基本单位，是大学教学、科学研究和社会服务三大基本职能的具体承担者。① 从治理角度进行分析，我国大学校院两级之间的关系尚不顺畅，大学治理权主要集中在学校层面，院系在治理过程中的权责划分不清，制约了大学内部治理水平与治理能力的提升，间接地影响了本科教学质量保障的有效性。可见，扩大院系的办学自主权，不仅能够增强院系的自主适应能力，激发院系办学的活力与积极性，而且还是推动大学治理水平与治理能力现代化发展的关键动力所在。

院系的办学自主权是学校办学自主权的具体化，② 院系"自主权"中所谓的"自主"是有条件的、相对的自主，是"受动"制约下的自主。③ 其中，推动大学与院系之间的分权化改革是落实院系办学自主权的基本路径。换言之，就是理清学校和院系在治理过程中的权责分配，统筹推进大学治理重心下移，即学校主动下放教育管理权限，并将其赋予院系由其自主决策。具体来说，学校在大学治理或质量保障中应该承担起实施计划、监督与调控服务等职能，并负责制定事关学校全局的发展规划与战略发展目标、从宏观上进行资源的统筹配置、制定质量标准以及相关政策方针、对学院进行管理等顶层设计与宏观调控方面的内容。院系应该在大学治理或质量保障中承担具体的教学、管理等工作，并且还要落实学校规定的各项工作与任务，接受学校对其相关事务的领导和监督。一般来说，院系对教学管理、专业设置、学科规划、课程建设、教材选择、招生与就业等活动应该有充分的自主决策权，并且在人事、财务等行政事务上也有一定的自主权。

事实上，集权与分权是组织管理中的一对矛盾体，集权能够提高组织管理效率，分权则能够体现组织管理的民主程度。但是，在组织管理中如果过分集权就会削弱组织管理的活力与积极性，过分分权则容易造成组织管理的失控。而落实院系办学自主权则是实现校院两级组织结构集权与分权有机统一的基础。

---

① 蒋观丽."双一流"建设视角下的大学院系治理转型策略研究 [J]. 现代教育科学，2018(7).

② 王富平. 地方高校院系教学改革自主权问题探讨 [J]. 教育评论，2011(4).

③ 王富平. 地方高校院系教学改革自主权问题探讨 [J]. 教育评论，2011(4).

因此，只有在此基础上才能真正推动学校成为"决策中心"，院系成为"管理与质量中心"①。

二、建立健全学校内部的教学质量评价机制

教学质量保障机构主要负责学校内部教学质量保障建设、实施教学质量自我评价、过程监测以及评价结果反馈等工作，是"管办评分离"中对教学质量进行"评"的主体。在学校层面，教学质量保障机构的工作是在教学行政管理部门与学院教学工作有序运行的基础上开展的，它与教学行政管理部门和院系之间既相互独立，又相互联系，共同推动学校教学质量保障的发展。②

（一）构建完善的校内教学质量保障机构

随着高等教育"管办评分离"改革的深入推动，将教学质量保障机构作为学校内部的独立"评价"环节将会是学校层面进行"管办评分离"的主要改革方向。教学质量评价机构的"独立"是指独立于教学行政管理部门、独立于院系教学管理，其关键是要独立于教学行政管理部门。一方面，学校可以根据具体的管理需求，明晰学校教学行政部门与教学质量保障机构之间的权责关系，将教学质量保障机构完全脱离教学行政管理部门的管控，成为学校内部的独立评价机构。这样，教学质量保障机构就可以根据学校、院系以及学科发展情况，系统全面地开展院系评估、专业评估、课程评估、教学督导等工作，以便其能够对学校的整体情况、院系发展状况、教师教学情况、学生学习情况等进行全面有效的监控。同时，它还可以根据监测结果发现本科教学及其管理过程中的薄弱环节，并将其监测结果与改进建议及时反馈给学校教学行政管理部门以及

---

① 冯支越.推动大学章程建设 落实院系管理自主权 [J].中国高等教育，2012(Z3).

② 邵婧怡.管办评分离背景下高校内外部质量保障体系实施路径探析 [J].高教论坛，2018(7).

相关学院，以便它们能够更好地制定教学管理方针、人才培养目标等，进一步提升学校本科教学质量保障的有效性。

另一方面，根据目前我国高校内部质量保障机构的具体情况来看，将其完全独立于教学行政管理部门存在一定的难度。因此，我们可以选择相对居中的方法，保持质量保障机构原有的状态，通过缓慢转制的方法从性质与职能中将其独立，让其能够独立行使评价与监督职能而不受行政管理部门的约束与控制。

（二）建立健全校院两级教学质量监控机制

学校内部教学质量监控体系注重全面性、系统性和长效性，因此影响教学质量的主要因素、各个环节、不同主体都将纳入质量监控体系中。健全有效的教学质量监控体系主要包括教学质量标准体系、教学质量监控队伍等。

其一，建立健全教学质量标准。教学质量标准是开展教学质量监控的基本依据。一流大学致力于培养"专业英才"即"高素质专门人才"。这就需要根据学校的战略发展定位、人才培养目标，并结合学校实际情况，从宏观层面设计教学质量标准，确保本科教学质量监控有章可依。一套完整、科学、有效的教学质量监控标准需要关注影响人才培养质量的各个环节，涉及专业建设、人才培养方案制订、课程建设、课堂教学、实践教学、学业考核与评价、毕业论文设计等环节，从这些环节找出影响人才培养的关键要素和关键节点，建立全面与重点、共性与个性相结合的质量标准监控体系。[1]

其二，构建完善的教学质量监控队伍。教学质量监控体系的有效实施离不开质量监控主体的积极参与，其中以教师、管理者、学生共同构成了教学质量监控队伍的参与主体。管理者主要是进行人才培养方案的制订者与贯彻者，教师则是具体教学活动的实施者与执行者，学生则是学习活动的主体。同时，还应该从校、院、系三个层面建立健全质量监控队伍，构建校院系三级督导体系，

---

① 廖春华,李永强,欧李梅."三维一体"高校本科教学内部质量监控体系的构建[J].高等工程教育研究, 2015 (2):115-120.

明确不同层级督导的权责关系。然后，充分发挥专任教师、学生信息员的作用，对其进行系统培训，提升其教学监督与反馈的能力，以便在日常的教学活动中进行教学信息反馈。

三、发挥管理部门的宏观调控作用

任何组织的发展都离不开资源的支持，同样地，大学的运行与发展也离不开各类教育教学资源的支持。大学内部支持本科教学质量保障顺利开展的资源主要有人力资源（师资队伍）、财力资源（教学经费）、物力资源（教学设施）三大类。这些资源输入是连接质量保障主体共同参与质量保障治理的基本前提。前文调查结果显示，学校教师本科教学投入程度是影响本科教学质量保障有效性的重要因素。大学资源的稀缺性与有限性要求大学行政管理部门从宏观上综合考虑学校人力资源的优化配置与使用效率等问题，确保学校教育资源尤其是人力资源在不同院系间的公平配置。

从宏观上看，国家出台的《关于全面提高高等教育质量的若干意见》等政策文件明确指出，本科教学是高校的最基础、最根本的工作，是高校选聘教授的基本条件。2018年，在成都召开的"新时代全国高等学校本科教育工作会议"中陈宝生部长指出"本科教育是大学的根和本，应将其放在人才培养的中心地位"。与之相适应，学校也制定了相关的政策文件激励教师加大本科教学投入力度，但是实际效果却不尽如人意。因此，一方面，学校还要认真贯彻落实国家政策，在全校范围内进一步提高教师对本科教学重要性的认识。另一方面，学校要科学制定教师教学评价制度，鼓励教师积极投入本科教学工作。例如，制定有利于教师本科教学投入的职称评审与考核制度，增强对教师教学能力与教学水平的培训等，以确保学校人力资源输入对本科教学质量保障活动的协同支持性，进而提高本科教学质量保障的有效性。

总之，学校层面"管办评分离"的过程实质上就是质量保障的治理过程。学校"管办评分离"既是各质量保障主体间的分离，又是各主体间的合作与联动，在质量保障治理过程中它们处于分工、合作与联动的有机融合状态。因此，只有坚持学校行政管理部门在质量保障中的主导作用，肯定院系在质量保障中的主体地位，保持质量保障机构在质量保障中的独立性，我们才能真正落实学校层面的"管办评分离"，实现质量保障从共同治理走向"善为"。

第三节

"共治"出"善者"：协调保障主体间的利益分配

本科教学质量保障共同治理的典型特征是共同参与性，其中学校内部的教师、行政管理者、学生是质量保障的共治主体，他们在共同参与本科教学管理事务的过程中不断发展，进而成为质量保障共治的"善者"。

在治理实践中，治理主体的利益分配是衡量治理能力的重要标尺，它直接影响着治理效果的成败。换言之，在共同治理框架下，本科教学质量保障不同主体的利益诉求要能够得到充分表达，才能促使他们通过协同合作的形式致力于追求共赢善治的目标。但是，调查结果显示，本科教学质量保障共治程度较低，主体参与质量保障活动的程度不高，直接影响了质量保障的有效性。因此，从保障主体参与的角度而言，提高本科教学质量保障有效性的基本前提是增强质量保障主体内在意识认同，核心环节是明晰质量保障主体间的权责关系，重要保障是建立健全质量保障利益表达机制。在此基础上，只有促进质量保障主体"内在意识的认同和外部行为的协同"[①]，才能不断提高本科教学质量保障的共治水平，进而实现真正意义上的"善者"之治。

一、增强质量保障主体内在意识认同

本科教学质量保障的价值问题实质就是质量问题，因此质量保障主体内在意

[①] 徐小容. 以"共治"求"善治"：职业教育教学质量治理的公共理性逻辑 [D]. 重庆：西南大学，2016:155.

识认同本质上就是质量认同。质量认同是高校内部质量管理的核心问题，[①]在这一过程中教师、学生和管理者三大主体需要经历身份认同、文化价值认同两个不同的发展阶段，且每一个发展阶段保障主体的质量价值取向都会发生不同的变化。

其一，建构质量保障主体间的身份认同。身份认同是质量认同的基础，它是指教师、学生和管理者明确自己在质量保障过程中的身份，形成一种关于其所属群体的身份认知，并且在这一过程中还伴随着对这一身份的情感体验与行为模式的整合。质量保障主体身份认同的获得，有利于增强主体的自我价值感和归属感。因此，在本科教学质量保障共同治理过程中要明确教师、管理者和学生三大主体的身份：肯定教师以协同者的身份，管理者以主导者的身份，学生以监督问责者的身份参与质量保障的共同治理，因为只有这样才能充分发挥他们在共治过程中的作用。

其二，加强质量保障主体的文化价值认同。文化价值认同是质量认同的核心，它是指质量保障主体在参与质量保障活动过程中理解、承认并主动适应或内化与质量保障相关的价值观念、生活方式，然后自觉将其作为行为规范或者评价事物的准则。大学质量文化是以持续提升人才培养质量为目的的组织文化，它"通过塑造、改变组织内成员的价值观、期望等对组织产生影响"。[②]大学质量文化要想发挥作用，需要有目的地建设，其根本是组织成员将质量内化为自身的价值追求。这就要求大学加强质量文化建。有学者指出发展高校内部质量文化有两种途径：一种是引进质量保障，新的价值将不得不与原有组织文化相融合；另一种是在原有质量文化基础上创造质量保障，这样质量保障反过来也会影响和修正质量文化。[③]在高等教育高质量发展阶段，大学内部质量文化应

---

① 史秋衡, 刘丽丽. 认同危机: 我国高等教育质量管理的隐忧 [J]. 中国高等教育, 2007(24).

② 赵婷婷. 大学质量文化: 从合格质量转向创新质量 [J]. 教育研究, 2023(4):137-147.

③ Loukkola T, Zhang T. Examining Quality Culture: Part 1——Quality Assurance Processes in Higher Education Institutions [M]. Brussels: European University Association, 2010:16-17.

从"合格""合规"走向"创新""卓越"，建设一种以"高质量"为引领的质量文化。[①] 在大学内部要积极营造一种自觉自信的质量文化氛围，鼓励学校全体成员参与其中，形成组织成员对质量追求的认可。因为只有当教学质量成为学校全体成员共同的价值追求与行为准则时，才能增强学校全体成员的质量文化归属感，充分发挥其强大的文化凝聚力。

身份认同、文化价值认同是质量保障主体内在意识认同的不同发展阶段，其中身份认同是主体自我认识的初级阶段，文化价值认同则是主体价值取向与理性选择的高级阶段。不论是哪一个层面的质量认同，都不是对多元质量观的强制性统一，而是对不同主体多元质量观的有效融合，其根本目的都是为了促进质量保障主体内在意识的转变，进而提高主体参与保障活动的积极性。

二、明晰质量保障主体间的权责关系

本科教学质量保障的有效运行不仅依赖于质量保障主体的积极参与，而且离不开质量保障主体之间权责分工与协作形成的结构功能关系。在实践中，学校并未明确规定各质量保障主体的权责关系，导致教师与管理者之间、教师与学生之间、学生与管理者之间存在不同程度的权责交叉与矛盾冲突，制约了质量保障主体的多元参与性，进而影响了本科教学质量保障的有效性。因此，有必要对本科教学质量保障治理主体的权责关系进行探讨，理清质量保障治理主体的权力与责任。

从微观上分析，本科教学质量保障主体之间的权力分别是以教师为代表的学术权力、以管理者为代表的行政权力和以学生为代表的学生权力。学校内部不同质量保障主体的价值取向不同，参与质量保障的意愿和能力不同，因此权力主体在质量保障中的地位与其所发挥的作用也各不相同。

---

① 赵婷婷. 大学质量文化：从合格质量转向创新质量 [J]. 教育研究，2023(4):137-147.

首先，明确管理者在质量保障过程中起主导作用。管理者是大学内部质量保障的主要责任主体，它主要负责质量保障活动中的政策制定与监督反馈，具有宏观管理权与监督反馈权。相应地，管理者也要通过政策制定、提供支持服务、监督活动执行、及时反馈结果等不同的形式承担其所行使权力的责任及其后果。

其次，明确教师在质量保障活动中的主体地位。教师是质量保障活动的参与主体，要参与学校的教学改革、教学管理与监督等活动，行使其参与权与监督权。同时，教师还是质量保障活动的客体，他们还要接受学校的教学质量检查与监督，承担相应检查结果的责任。因此，在质量保障活动中应该加强底层设计，突破 "顶层设计" 的科层式自然延伸，真正自下而上地设计质量保障参与机制，鼓励教师主动参与其中，发挥质量保障活动的主体作用。

再次，明确学生在质量保障中的质量主体地位，充分发挥学生在质量保障过程中的主动参与作用。大学教育的根本是促使人的可持续发展，即学生的发展。学生是大学质量的直接主体，没有学生的质量，就没有大学的教育质量。[①]大学内部的资源、条件必须围绕学生的知识、能力和素养进行配置。因此，在质量保障活动或质量提升活动中，应该关注学生作为质量主体的地位，注重学校资源使用与学生学习成果、学生发展之间的关系，主动改变学生在质量保障活动中的被动参与现象，促使学生成为质量保障活动的主要参与者与建构者。

最后，打破管理者越位、教师失位和学生缺位的权力局面，建立 "责任有别、牵制有度、相互协商" 的质量保障权力制衡机制。[②]具体而言，就是要明确行政权力的主导作用，以保障学生权力和学术权力的合理表达；肯定学术权力在质量保障活动中的主体地位，增强教师参与质量管理与决策的机会；确立 "以

---

① 杨彩霞,邹晓东.以学生为中心的高校教学质量保障:理念建构与改进策略[J].教育发展研究, 2015(3):30-36.

② 吴开俊,王一博.以 "共治" 促 "自律"：研究生教育质量保障的路径选择[J].学位与研究生教育, 2011(9).

学生为本"的发展理念，充分发挥学生权力对学术权力和行政权力的制衡作用。这样，既能防止这两种权力因一方权力过大而损害另一方权力作用的发挥，又能让大学内部的质量保障主体或者代表有机会参与质量保障活动及其决策。

三、健全质量保障主体利益表达机制

完善有效的利益表达机制是协调质量保障主体利益关系的基本前提。一方面，完善有效的利益表达机制可以促进学校质量管理决策的科学化与民主化，提高学校领导科学决策水平。另一方面，它还有有助于学校领导全面把握和了解保障主体的利益诉求，提升其利益整合能力。具体而言，要建立完善有效的利益表达机制需要从主体意识、表达渠道、内容识别三方面着手。

首先，要增强质量保障主体利益表达意识。质量保障主体只有明确了自身的利益需求，才能够自觉主动地去表达自己的利益需求，并通过各种手段去维护和追求自身的利益需求。[①] 同时，质量保障主体利益表达意识的增强，还能够促使他们正确处理各方利益关系，进而推动质量保障主体利益表达意识趋向成熟化发展。因此，在质量保障活动中应鼓励教师、学生等主体主动去表达其利益诉求。

其次，提供多样化的利益表达渠道。利益表达渠道是利益表达主体向其上级组织表达利益诉求的中介或媒介，主要包括正式的制度表达和非制度表达两类，其中正式制度表达主要是由工会、党政等有组织的机构举行的。在学校内部，教师可以通过学术委员会、工会、教职工代表大学等组织团体来表达其利益诉求，而学生则可以通过代表学生利益的学生会、学代会等来表达利益诉求。随着信息网络的不断发展，师生主体还可以通过电子邮件、论坛、小型座谈会、网络聊天工具等其他一些非制度化途径来合理表达其利益诉求。面对多样化的

---

① 王春福.构建和谐社会与完善利益表达机制 [J].中共中央党校学报，2006(3).

利益表达渠道，学校还要理顺师生两大主体在不同利益表达环节上的关系，拓展师生利益表达和信息传递的空间，提供师生利益表达机会，提升师生利益表达质量，确保师生利益表达的常态化。

最后，建立利益表达内容识别机制。在质量保障过程中，教师和学生的利益表达内容存在差异性。教师利益表达诉求主要是集中在教学工作考核与评价、民主参与管理等方面，学生的利益诉求集中在教学和生活条件支持、日常管理、民主参与、评优评先等方面，并且这些利益表达内容数量十分庞大，多以非结构化数据为主。为此，学校可以充分利用大数据技术对多样化的利益表达内容进行快速挖掘，然后根据相关要求对搜集到的数据进行编码与分析。一方面，大数据技术的使用可以使学校领导快速把握质量保障主体利益表达新动向，促进他们对不同主体利益诉求的准确把握与科学预测；另一方面，将大数据技术应用到利益表达内容挖掘中，还可以促进利益表达内容从碎片化走向协同化发展。

第四节

"共治"求"善态"：完善结果的反馈与改进机制

本科教学质量保障治理的结果实际上是质量保障主体参与治理过程之后所达到的一种状态，它体现了质量保障主体的治理水平与治理能力。本研究所指的本科教学质量保障治理结果是由"目标决策""资源支持""主体参与""运行管理""产出保障"这五个系统要素共同作用的结果，即各要素共同治理所致力于追求的善治状态。从有效性的角度看，质量保障共治结果的有效性是质量保障治理过程的行为指向，离开了有效性就意味着离开了质量保障治理行为固有的目的性与归属性。[①] 换言之，质量保障共治结果的有效性（或共治效果）就是质量保障各要素综合作用结果的有效性，它是判断质量保障共治结果距离善治程度的重要依据。

但是，调查结果显示，质量保障治理目标和治理结果的有效性相对较高，而质量保障治理主体与治理方式的有效性则相对较低。这就需要我们建立质量保障的反馈与改进机制，对质量保障不同维度的治理结果进行有效监控，并及时反馈，从整体上把握质量保障治理效果，促使质量保障共治结果能够产生正向促进作用，提高质量保障共治结果的有效性，进而推动质量保障从"共治"走向"善态"。

---

① 樊增广.省属工科高校教学质量监控的体系改进及过程优化研究[D].沈阳:东北大学,2016:102.

一、建立数字化教学质量评价反馈机制

当前，大学内部仍旧存在的质量信息反馈渠道不畅通、评价结果反馈简单化等问题，需要充分运用大数据、5G、人工智能等数字技术进一步建立健全教学质量评价结果的信息反馈机制。所谓反馈是指，"控制系统经过一定的监测装置将得到的输出结果返送给其他输入端，并以某种方式改变输入，影响系统功能的过程"[①]。在教学领域的质量反馈机制是指运用大数据、人工智能等数字技术将教学质量保障治理过程中影响人才培养质量的薄弱环节的相关信息及时有效地反馈给相关责任单位，以纠正教学中存在的问题与不足，进而提高人才培养质量。因此，质量反馈机制的核心是以数字技术为基础构建内外联动的质量信息反馈机制。

其一，构建基于数字化的质量信息反馈机制。在高等教育领域，数字化已成为推动高等教育高质量发展、引领高等教育现代化的重要引擎。大学内部依托数字技术开展教学与评价改革、教学管理改革已成为必然趋势并呈现诸多新特征。在教学管理领域，大数据将管理、教学和社会结构有机整合，能促进数据有序流动和交换共享，构建质量信息共同体。[②] 在本科教学管理中，相关质量信息散落在教学的不同部门、不同环节，这就需要数字技术发挥其信息挖掘、清洗、整合、分析以及预测等作用。一方面，将信息技术与教育深度融合，构建基于数字技术的数据治理平台。采用数字技术在原有管理的基础上适时进行信息化架构，为保证教育大数据挖掘与使用提供硬件保证和技术支持。数据治理平台可以打通教学管理中各类型数据的壁障、联通各部门之间的数据孤岛、实现学校内部教学管理数据的贡献，为学校内部本科教学质量保障建设提供支持，进而构建基于动态运行的教学质量监控与反馈机制。同时，数据治理平台

---

① 许淑雯，周湘林.高校教学质量问责反馈机制研究 [J].中国高教研究，2015(4):75-79.
② 陈辉，熊璋.高等教育数字化战略的研究 [J].中国高等教育，2022(9):7-9.

还要服务于日常教学管理以及各类评估活动，进而为学校管理决策提供支持。[①]数据治理平台的设计要体现人文关怀和个性化服务，能够为参与质量活动的教师和学生主体及时提供质量监控反馈，例如建立学生学业预警。教学质量监控数据能及时了解教师的教学投入，并将教师教学质量结果进行及时反馈等。另一方面，要建立健全相关质量信息管理制度，将责任细化落实，既要实现对质量信息的资源共享，提高工作效率，又要进行必要的网络监督，保证网络信息安全，保护隐私。

其二，建立内外联动的质量信息反馈机制，将质量信息落实到教学实践活动中。传统的质量反馈机制主要是局限于学校内部的学生评教信息反馈、同行评价、督导评价、领导听课等，而以用人单位等外部主体为主的毕业生信息追踪与反馈等发挥作用相对有限。一个相对完善有效的质量信息反馈机制，应包含学校内部的学生评教反馈系统、教务管理评价反馈系统、教师主体的教学反馈系统以及学校外部的用人单位满意度评价反馈系统等。其中，用人单位能从人才综合素质、专业能力等维度对高校人才培养质量与可持续发展做出较为客观的评价，帮助学校从不同维度全面了解人才培养质量。所以，大学内部在不断完善内部质量信息反馈的同时，应转向内部与外部联动合作的质量信息反馈机制，将相关信息准确地反馈到教学过程的具体环节中，帮助学校、院系、教师等主体明确人才培养过程中存在的问题与不足，为后续质量持续改进提供依据。

从其根本来看，本科教学质量反馈机制要打破以"约束"与"监管"为主的工具性目的，转向以质量改进与提升为主的"人文关怀"与"个性化服务"，充分利用数字化转型的机遇提升教学质量监控效率，激发教师、学生等多元主体参与质量活动或质量治理的积极性，在学校内部营造一种自觉、自省、自律、自查的质量文化。

---

① 赵幸,崔波.高校本科教学质量保障治理的逻辑基础与实现路径[J].上海教育评估研究,2022(1):17-21.

二、建立健全教学质量的持续改进机制

著名的质量管理大师朱兰指出，"质量管理三部曲"包括质量计划、质量控制、质量改进三个重要组成部分。其中，质量改进是指运用科学系统的方法，"发现并消除对产品、服务以及生产它们过程中造成负面影响的慢性故障"，建立控制措施以巩固质量成果或者实现质量突破。[①] 大学内部的质量改进是要针对本科教学质量保障活动中影响人才培养质量的薄弱环节采取措施，促使大学能不断提高人才培养质量。质量改进是教学质量保障的根本目的与核心关切[②]，其改进主体是学校。因此，学校在教学质量保障建设中应聚焦于问题改进质量，将其作为质量保障体系闭环的关键环节。而问题改进的主题则是不断变化的，就教学质量保障治理结果有效性而言，其质量保障主题主要是聚焦于质量保障治理过程对主体的回应性、质量保障治理主体的参与性两个方面。

其一，要明确内部质量保障主体治理结构。学校及其内部成员了解学校自身的战略目标、价值诉求，积极参与了学校发展，如果离开内部主体的参与，外部的质量要求很难具体落实。[③] 学校内部的质量保障主体包括校、院、系以及教师和学生等，本科教育的质量问题主要反映在能否有效地响应外部需求变化并将其传导到高校各个层级，在人才培养的终端表现出教师教学行为和学生学习行为的变化。[④] 事实上，大学内部质量管理部门与学院之间的弱联系性，导致大学内部质量

---

① 约瑟夫·A.德费欧.朱兰质量手册——通向卓越绩效的全面指南[M].北京:中国人民大学出版社，2021:33-43.

② 宋佳.英国质量改进导向的院校评估理念与实践:以苏格兰为例[J].高教探索，2021(2):75-81.

③ 袁益民.质量保障:重在保障,而非改进——对本科教学工作水平评估的反思与制度建设构想[J].高教发展与评估，2010(1):1-14.

④ 宣勇.我国本科教育的质量治理：系统集成与协同高效[J].中国高教研究，2021(10):43-51.

主体之间存在的质量信息不对称甚至失真问题，多元主体协同共治的质量治理格局尚未形成。[①] 因此，可以建立专门的质量改进组织机构或者是内部质量评价机构承担质量改进的主要职责。该机构与学校基层学术组织和相关行政组织机构之间应明确职能分工，能够明确自身发展定位。[②] 例如，该机构主要是一个专门提供咨询和指导服务工作的组织机构，能根据本科教学质量保障活动的薄弱环节进行信息收集、处理并及时反馈，为相关基层部门提供"支持"与"服务"等功能。

其二，通过突破性质量改进实现卓越质量文化建设。质量改进有两种方式，一种是渐进式改进，是指改进发生在每天的日常管理活动中；一种是突破式改进，是指如何创造一种体制来提升管理水平的效率，旨在指向更高水平。[③] 突破可以针对质量改进的两个不同方面，以更高的质量和产品服务满足利益相关者的需求、免于不良减少顾客的不满意。对大学而言，其质量突破性改变的关键主要是提高人才培养质量。朱兰指出，突破性改进的主要程序是坚信变革是可行的、挖掘关键少数且有用的问题、组织知识突破、文化类型突破，最终实现绩效的突破。可见，突破性质量改进并非没有代价，它要求付出多种形式的努力，最终通过质量文化建设实现绩效导向评价的价值突破。因此，在一流大学内部需要挖掘影响人才培养质量的关键且有用的问题，采用数字技术等对相关事实的收集与分析实现知识突破。然后，通过营造质量文化氛围，形成质量文化愿景，以激励师生员工走向提高与保障质量的自觉自信，在大学内部形成自觉、自省、自律、自查、自纠的质量文化。最后，将持续改进机制上升到追求卓越与创新的质量文化层面来不断强化，进而在学校内部建立一种追求卓越与创新的质量文化体系。

---

① 计国君,邬大光,薛成龙.内部质量保障的质量信息披露动力机制研究 [J].高教探索,2018(8):5-13.

② 王名扬.美国公立研究型大学内部质量改进的组织机制与特征分析——以威斯康星大学麦迪逊分校为例 [J].国家教育行政学院学报，2020(8):86-95.

③ 约瑟夫·A.德费欧.朱兰质量手册——通向卓越绩效的全面指南 [M].北京:中国人民大学出版社，2021:161-162.

结 语

本研究从共同治理视域对一流大学本科教学质量保障有效性进行了系统探析，分析了影响质量保障有效性的主要因素及其相互关系，搭建了有效性评价的指标体系并赋予其一定的权重，运用模糊综合评价方法分析了案例大学质量保障有效性的结果，并从共同治理的角度提出了提升质量保障有效性以实现其善治结果的对策与建议。根据前文分析得出了本研究的三个主要结论，具体如下。

第一，教学质量保障具有共同治理的特征。从宏观上分析，高等教育质量保障理念已经从以政府为主的宏观管理走向了以多元主体共同参与为主的公共治理，并且高等学校在高等教育质量保障活动中的主体地位已基本形成了一致共识。从微观上分析，高校内部的本科教学质量保障是高等教育质量保障体系的重要组成部分，是提升高等教育质量促进高等教育内涵式发展的关键所在。"管办评分离"的高等教育治理体系为大学内部质量保障体系的建设提供了制度基础，并且由于"管办评分离"与大学治理之间具有内在的逻辑一致性，因此大学治理理论与本科教学质量保障机制具有一定的"逻辑契合性"。本研究系统论证了本科教学质量保障活动呈现的共同治理特征：质量保障理念的整体性、质量保障目标的公共性、质量保障主体的共同参与性以及质量保障过程的互动协商性。

第二，构建教学质量保障有效性的共同治理理论。在比较分析的基础上，本研究采用质性分析法，通过三级编码的形式总结了一流大学本科教学质量保障有效性的五大核心因素，即"目标决策要素""资源支持要素""运行管理要素""主体参与要素""产出保障要素"。从共同治理的视域分析本科教学质量保障的五大要素涉及"治理目标""治理主体""治理方式"及"治理结果"四大基本问题。然后，系统地梳理了它们之间的相互关系，其中"治理目标"是质量保障顺利运行的前提与基本依据，"治理方式"是质量保障的主要过程，是实现"治理结果"的核心环节，"治理主体"是参与质量保障治理过程实现"治理结果"的重要参与者，"治理结果"既能体现质量保障"治理目标"实现的程度，又能反映质量保障治理过程的合理性。

第三，有效性是判断质量保障共治结果距离善治程度的重要依据。有效性是善治的重要组成要素，有效性程度越高说明善治程度越高。共同治理并不必然会带来善治，但是没有共同治理就必然没有善治，也就是说共同治理是实现善治的必要不充分条件。因此，对本科教学质量保障共同治理结果的有效性进行判断可以衡量它距离善治的程度，即共同治理的有效性越高说明其距离善治的程度越近，反之亦然。遵循这一原则，本研究确定了一流大学本科教学质量保障有效性的评价标准，并运用模糊综合评价法对案例大学的质量保障共同治理结果的有效性进行了综合评价。结果显示 H 大学本科教学质量保障有效性程度处于中等偏上水平为 65.2%，距离质量保障的善治状态仍有一定的距离。

今后，本研究将从如下三个方面对一流大学教学质量保障有效性进行深入探究。

第一，关注大学内部的质量文化因素。影响质量保障有效性的文化因素主要是指非制度性因素，例如组织信任、主体信任、主体间的人际关系、质量文化建设、组织中领导的类型等。共同治理的核心特征是主体的合作参与，而合作参与的基本前提是主体间的相互信任。就教学质量保障的共同治理而言，大学内部质量保障主体经过身份认同之后，能够对质量保障活动形成一种具有内在稳定性的文化价值规范。这种文化价值规范有助于质量保障不同主体之间产生和谐的人际关系，增强主体间的相互信任感，推动大学内部质量文化建设，进而促进他们在质量保障活动中的参与性。因此，如何确定影响质量保障有效性的文化影响因素以及探讨各因素间的相互关系等是未来需要关注的内容。

第二，关注院系层面的质量保障体系建设。从共同治理角度分析，造成大学内部本科教学质量保障有效性不高的一个主要原因是，大学内部没有实现真正意义上的"管办评分离"，即学校行政管理、院系自主办学、质量保障机构独立评价三者之间的分离。院系是学校的基本教学单位，是大学基本职能的具体承担者，是大学的管理与质量中心。在高等教育治理体系和治理能力现代化建设背景下，扩大落实院系的办学自主权，将质量保障的重心从学校下放至学院，发挥院系在质量保障中的主体作用是未来研究的重点所在。

第三，关注数字化对教学质量保障的影响。数字化时代，大数据、人工智能等数字技术的应用使本科教学质量保障被赋予数据驱动新内涵，为高校教学质量保障数字化转型提供新的思维理念和先进的技术保障。当前，一流大学质量保障建设面临"数据化"危机，可以通过借助数字化转型的契机推动质量保障数字化转型。一流大学教学质量保障数字化转型的关键，是运用数字技术提高学校以高质量满足内外部主体需求的能力。因此，未来研究重点可进一步分析教育数字化转型对一流大学教学质量保障能力的影响。

参考文献

1. 学术专著

[001]　贺祖斌.高等教育大众化与质量保障[M].桂林：广西师范大学出版社，2004.

[002]　洪源渤.共同治理——论大学法人治理结构[M].北京：科学出版社，2010.

[003]　李福华.大学治理的理论基础与组织架构[M].北京：教育科学出版社，2008.

[004]　李亚东.质量保障：从管治到治理——中国特色高等教育质量保障治理体系研究[M].上海：学林出版社，2017.

[005]　马健生，等.高等教育质量保证体系的国际比较研究[M].北京：北京师范大学出版社，2014：281.

[006]　钱军平.中国高等教育质量保障体系核心问题研究[M].成都：西南交通大学出版社，2011.

[007]　上海市教育评估院.重点建设大学教育评估指标体系研究[M].北京：高等教育出版社，2014.

[008]　王运来，李国志.高校教学质量评价与保障[M].南京：南京大学出版社，2010.

[009]　吴岩.构建中国特色高等教育质量保障体系[M].北京：教育科学出版社，2014.

[010]　俞可平.治理与善治[M]北京：社会科学文献出版社，2000.

[011]　张维迎.大学的逻辑[M].北京：北京大学出版社，2004.

[012] 张金马.公共政策分析：概念·过程·方法 [M].北京：人民出版社，2004.

[013] 张彦通.欧洲地区高等教育质量保障体系研究 [M].北京：北京航空航天大学出版社，2007.

[014] 赵文辉.高校教学质量保障问题研究 [M].北京：中国人民公安大学出版社，2009.

2. 译著类

[015] [美]埃贡·G.古贝，伊冯娜·S.林肯.第四代评估 [M].秦霖，等，译.北京：中国人民大学出版社，2008.

[016] [美]格威狄·博格，等.高等教育中的质量与问责 [M]毛亚庆，等,译.北京：北京师范大学出版社，2009.

[017] [美]约瑟夫·A.德费欧.朱兰质量手册——通向卓越绩效的全面指南[M].王喆，等，译.北京：中国人民大学出版社，2021.

[018] [加]伊安·奥斯汀，格伦·琼斯.高等教育治理——全球视野、理论与实践[M].孟彦，等，译.北京：学苑出版社，2020.

[019] [美]威廉·N.邓恩.公共政策分析导论[M].谢明，等，译.北京：中国人民大学出版社，2002.

[020] [美]朱丽叶·M.科宾，安塞尔姆·L.施特劳斯.质性研究的基础：形成扎根理论的程序与方法 [M].朱光明，译.重庆：重庆大学出版社，2015.

3. 学位论文

[021] 白争辉.高等教育质量保障的理论与实践研究——以英、日、法、德为例 [D].广州：华南理工大学，2014.

[022] 蔡红梅.研究型大学本科教学质量保证体系研究[D].武汉：华中科技大学，2014.

[023] 陈晓光.利益相关者视角下研究型大学治理机制研究[D].大连：大连理工大学，2016.

[024] 崔民日.我国大学内部治理结构改革的困境与出路[D].兰州：兰州大学，2013.

[025] 丁笑梅.大学治理结构研究[D].上海：华东师范大学，2014.

[026] 方鸿琴.我国高校质量保障体系一般模式构建与质量审计[D].上海：华东师范大学，2011.

[027] 高迎爽.法国高等教育质量保障历史研究（20世纪80年代至今）——基于政府层面的分析[D].上海：华东师范大学，2010.

[028] 高婷.利益相关者理论下的我国大学内部治理结构研究[D].南昌：江西师范大学，2013.

[029] 贺璇.大气污染防治政策有效执行的影响因素与作用机理研究[D].武汉：华中科技大学，2016.

[030] 郝进.质量管理体系有效性评价的理论和方法[D].北京：北京工业大学，2002.

[031] 胡春华.高校内部治理结构研究[D].武汉：武汉理工大学，2008.

[032] 李亚东.我国高等教育外部质量保障组织体系顶层设计[D].上海：华东师范大学，2013.

[033] 李重照.公开选拔领导干部制度有效性研究[D].上海：复旦大学，2013.

[034] 刘香菊.治理视域下的我国大学院长角色研究[D].武汉：华中科技大学，2014.

[035] 刘恩允.治理理论视阈下的我国大学院系治理研究[D].苏州：苏州大学，2014.

[036] 雷浩.为学而教：学习中心教学的研究[D].上海：华东师范大学，2017.

[037] 潘静.研究型大学本科教学质量管理体系研究与实践[D].南京：河海大学，2007.

[038] 任艳妮.大众传媒环境下大学生思想政治教育传播有效性研究[D].西安：西北工业大学，2015.

[039] 王明国.国际制度有效性研究——以国际环境保护制度为例[D].上海：复旦大学，2011.

[040] 王会芝.中国战略环境评价的有效性研究[D].天津：南开大学，2013.

[041] 王爱敏.我国公立高校教师人力资源的优化配置研究[D].北京：中国矿业大学，2009.

[042] 万萍.沃里克大学治理结构的有效性研究[D].长沙：中南大学，2010.

[043] 熊志翔.本科院校内部质量保障机制研究[D].武汉：华中科技大学，2011.

[044] 徐小容.以"共治"求"善治"：职业教育教学质量治理的公共理性逻辑[D].重庆：西南大学，2016.

[045] 夏晨菲.我国研究型大学本科教学质量内部保障体系研究[D].苏州：苏州大学，2010.

[046] 于杨.治理理论视域下现代美国大学共同治理理念与实践研究[D].长春：东北师范大学，2009.

[047] 尹艳君.我国高水平研究型大学本科教学质量分析与评价[D].长沙：湖南大学，2016.

[048] 张斌.公共信息对公众信任及行为的影响研究[D].西安：西安交通大学，2010.

[049] 赵博颉.现代大学制度下的大学内部治理结构研究[D].南京：南京理工大学，2005.

[050] 赵成.治理视角下的大学制度研究[D].天津：天津大学，2006.

[051] 周湘林.中国高校问责制度重构——基于本科教学评估的新制度主义分析 [D].武汉：华中科技大学，2010.

4. 期刊类

[052] 别敦荣，孟凡.论学生评教及高校教学质量保障体系的改善 [J].高等教育研究，2007(12).

[053] 别敦荣.新一轮普通高校本科教育教学审核评估方案的特点、特色和亮点 [J].中国高教研究，2021(3).

[054] 别敦荣，易梦春.高等教育质量文化及其建设策略 [J].高等教育研究，2021(3).

[055] 蔡敏.欧洲大学内部质量保障体系的构建及评价 [J].比较教育研究，2012(1).

[056] 蔡红梅，许晓东.基于 ISO9000 的研究型大学本科教学质量保证体系的构建 [J].高等工程教育研究，2010(1).

[057] 蔡红梅，许晓东.高校课堂教学质量评价指标体系的构建 [J].高等工程教育研究，2014(3).

[058] 陈华仔，黄双柳.美国高等教育外部质量保障体系的百年发展 [J].现代教育管理，2016（7）.

[059] 陈凡.高校内部质量保障：作用和成效——基于联合国教科文组织"IQA项目"案例的实证分析 [J].中国高教研究，2016(9).

[060] 陈治亚，李建东.本科教学质量是一流大学建设的基础 [J].中国高校科技，2017(1).

[061] 陈以一.高等学校内部教育教学质量保障体系建设的思考——基于同济大学教学质量保证体系的建设与实践 [J].中国高教研究，2016(1).

[062] 苌庆辉，闫广芬.法国高等教育评估制度的特征 [J].高校教育管理，2008(2).

[063]　常桐善.美国本科教育效能问责："透明度"项目解析[J].中国高教研究，2019(9).

[064]　褚松燕.论制度的有效性——人们何以遵守规则[J].天津社会科学，2010(4).

[065]　褚宏启，贾继娥.教育治理与教育善治[J].教育学刊，2014(12).

[066]　董垌希.本科教学审核评估对高校内部质量保障体系建设的启示[J].现代教育管理，2019(6).

[067]　方芳.大学治理结构变迁中的权力冲突与平衡[J].当代教育科学，2012(3).

[068]　方鸿琴.英国高校内部教学质量保障体系的特点与启示[J].中国大学教学，2013(10).

[069]　冯支越.推动大学章程建设　落实院系管理自主权[J].中国高等教育，2012(Z3).

[070]　冯务中.制度有效性论纲[J].理论与改革，2005(5).

[071]　冯永刚.高等教育公共性的制度障碍及其破解[J].江苏高教，2014(2).

[072]　范哗.大众化进程中的生师比与大学质量关系——世界一流大学生师比研究的启示[J].教育发展研究，2012(23).

[073]　高耀明，张光辉.大学内部教学质量保障体系——以上海师范大学为例[J].大学·研究与评价，2007(10).

[074]　郭芳芳，史静寰.区域认证中的学生评价："奉子成婚"抑或"天作之合"？美国高等教育质量保障机制研究[J].外国教育研究，2016(10).

[075]　郭卉.反思与建构：我国大学治理研究评析[J].现代大学教育，2006(3).

[076]　郭俊.高校管理人员"职业倦怠"与价值重构——基于8所本科高校的实证研究[J].高教探索，2014(3).

[077]　甘永涛.英国大学治理结构的演变[J].高等教育研究，2007(9).

[078]　甘永涛.美国大学共同治理界说及制度演进[J].外国教育研究，2008(6).

[079] 龚克.确立教学优先地位 注重本科质量提高 [J].中国高等教育，2007(5).

[080] 顾海良.完善内部治理结构建设现代大学制度 [J].中国高等教育，2010(Z3).

[081] 何华春.我国研究型大学本科教学质量及影响因素实证研究——以国内8所高校为例 [J].煤炭高等教育，2011(2).

[082] 赫连华巍.牢固树立"以学生为本"的教育理念 [J].中国高等教育，2004(24).

[083] 韩延明.新时代大学质量文化探要 [J].中国高教研究，2022(9).

[084] 胡莉芳.大学公共性的实现在于公共资源的优化配置 [J].北京师范大学学报（社会科学版），2008(4).

[085] 韩映雄，梁亦菡.高等教育质量保障体系中的质量文化建设 [J].中国高等教育评估，2006(4).

[086] 华尔天，高云，吴向明.构建多元开放式本科教学质量保障体系的研究——基于产出导向教育理念的探索 [J].中国高教研究，2018(4).

[087] 金顶兵.英国高等教育评估与质量保障机制：经验与启示 [J].教育研究，2005(1).

[088] 江珊.哈佛大学教学质量保障体系建设探析——基于学生评教的视角 [J].高校教育管理，2016(2).

[089] 江波.美国高等教育质量认证概述——国际高等教育质量保障模式研究（一）[J].世界教育信息，2012(6).

[090] 计国君，邬大光，薛成龙.内部质量保障的质量信息披露动力机制研究 [J].高教探索，2018(8).

[091] 景怀斌.扎根理论编码的"理论鸿沟"及"类故理"跨越 [J].武汉大学学报（哲学社会科学版），2017(6).

[092] 蓟正明.新制度主义政治学关于制度有效性的三维解读 [J].理论与改革，2012(1).

[093] 蒋观丽."双一流"建设视角下的大学院系治理转型策略研究 [J].现代教育科学，2018(7).

[094] 康全礼.治理理念与教授参与治校 [J].理工高教研究，2004(2).

[095] 康宏.我国高等学校内部质量保障体系的建构 [J].教育理论与实践，2009(3).

[096] 孔晓东.全面质量管理与高校教学质量保障 [J].教育评论，2009(2).

[097] 李福华，尹增刚.论大学治理的理论基础——国际视野中的多学科观点 [J].比较教育研究，2007(9).

[098] 李志义，朱泓.以先进的质量保障理念促进本科教育教学综合改革——新一轮审核评估指标体系内涵解析 [J].高等工程教育研究，2021(6).

[099] 李庆丰.高校内部质量保障体系的完型：本质内涵、演进脉络及健全思路 [J].国家教育行政学院学报，2023(1).

[100] 李志平.中外大学治理结构的比较研究——基于利益相关者理论的视角 [J].湖南财经高等专科学校学报，2008(1).

[101] 李敏.高等教育质量保障体系变革的文化支柱 [J].现代教育科学，2008(7).

[102] 李明.基于多理论视角的高校内部教学质量保障体系建构 [J].中国高等教育评估，2013(2).

[103] 李明.研究型大学内部教学质量评估与监控的实践及反思——以 39 所"985"工程大学为例 [J].中国高等教育评估，2013(4).

[104] 李汉邦，宋烈侠.高等学校教学质量保障体系的几点思考 [J].中国大学教学，2004(2).

[105] 李红惠.我国研究型大学本科教育培养目标定位研究——基于"985"高校 2010 年度"本科教学质量报告"的文本分析 [J].国家教育行政学院学报，2012(5).

[106] 李国强.高校内部质量保障体系建设的成效、问题与展望 [J].中国高教研究，2016(2).

[107] 李龙，郑华.善治新论[J].河北法学，2016(11).

[108] 李晓红.回归人才培养本位 加快"双一流"建设步伐[J].中国大学教学，
2016(5).

[109] 李成恩，常亮.协商共治：我国大学院系有效治理的可行模式[J].中国
高教研究，2017(6).

[110] 李轶芳.从过程模型的视角审视教学质量监控的有效性问题[J].中国高
教研究，2010(7).

[111] 李庆钧.基于"以学生为中心"理念的高校教学质量保障体系研究[J].
扬州大学学报（高教研究版），2021(4).

[112] 黎何芳，查吉德.高职院校教学督导制度有效性分析——基于新制度经
济学的制度分析框架[J].河北师范大学学报（教育科学版），2015(1).

[113] 刘荣万，许和隆，冯立明.高校内部教学质量保障策略探索[J].中国大
学教学，2008(12).

[114] 刘洁，唐德玲，冯婉玲，等.构建研究型大学课程教学质量评价指标体
系的探讨与实践[J].高等理科教育，2003(6).

[115] 刘宝存.美国研究型大学的产生与发展[J].高教探索，2005(1).

[116] 刘晶.法、德高等教育评估中的政府角色[J].比较教育研究，
2014(10).

[117] 刘智运.研究型大学应创办一流本科教育[J].教学研究，2009(1).

[118] 刘强.论我国高校本科教学质量保障体系价值理念与行为模式的重构
[J].江苏高教，2018(2).

[119] 刘冬冬，张新平.高校二级学院治理：困境及其消解路径[J].现代教育
管理，2018(6).

[120] 刘海燕.关注学生学习成效——美国大学学院联合会本科教学改革思想
探析[J].教育发展研究，2011(9).

[121] 刘献君.论高等学校定位[J].高等教育研究，2003(1).

[122] 刘爱生.美国大学共同治理的思想内涵[J].比较教育研究，2012(1).

[123] 郎益夫，刘希宋.高等学校治理结构的国际比较与启示 [J].北方论丛，2002(1).

[124] 陆俞静.法国高等教育质量保障机制对我国的启示 [J].内蒙古师范大学学报（教育科学版），2008(7).

[125] 陆根书.如何看待本科教育：专家与学生的视角 [J].大学教育科学，2019(2).

[126] 林梦泉，唐振福，杜志峰.国际高等教育质量保障热点问题和发展趋势——近年来高等教育质量保障机构网络组织 (INQAAHE) 会议综述 [J].中国高等教育，2013(1).

[127] 林冬华，沈文淮，熊建文，等.本科教学质量保障：理论、实践与思考 [J].煤炭高等教育，2016(3).

[128] 马陆亭.我国高等教育管理体制改革 30 年——历程、经验与思考 [J].中国高教研究，2008(11).

[129] 马廷奇.制度环境的变革与大学内部治理结构创新 [J].武汉理工大学学报（社会科学版），2007(1).

[130] 马廷奇.研究型大学本科教育的定位与教学改革方略 [J].武汉理工大学学报（社会科学版），2009(3).

[131] 牛换霞.中美公立大学内部治理结构的比较 [J].理工高教研究，2010(2).

[132] 潘海生.利益相关者与现代大学治理结构的建构 [J].教育评论，2007(1).

[133] 彭红玉.我国高等教育治理结构的反思——结构功能主义的视角 [J].高教探索，2007(6).

[134] 彭国华，雷涯邻.美国大学共同治理规则研究述评——以对《学院与大学治理的联合声明》反思为视角 [J].高教探索，2011(1).

[135] 彭正霞，朱继洲.英国高校"质量文化"及内部质量保障体系 [J].高教发展与评估，2006(4).

[136]　戚业国. 高校内部本科教学质量保障体系建设的理论框架 [J]. 江苏高教，2009(2).

[137]　戚业国. 现代大学制度重构：公共性、公益性、私益性的冲突与整合 [J]. 教育发展研究，2011(19).

[138]　屈潇潇. 世界一流大学治理结构的有效性分析——以美国密歇根大学为例. 云南师范大学学报 (哲学社会科学版)，2015(3).

[139]　屈琼斐. 美国大学内部质量保障体系的启示 [J]. 高教发展与评估，2016(3).

[140]　屈波，刘拓. 创新教学管理　提高人才培养质量 [J]. 中国高等教育，2011(8).

[141]　郗海霞，张钰. 美国一流大学本科教学质量内部评价体系探析——以加州大学伯克利分析为例 [J]. 黑龙江高教研究，2015(2).

[142]　秦琴. 大学管理者的质量观及其进行教育质量保障的方法——基于对"IQA 项目"遴选的 8 所案例大学中高层管理者的实证研究 [J]. 比较教育研究，2018(3).

[143]　饶燕婷. 利益相关者视野中高等教育质量保障多元主体探析 [J]. 大学 (研究与评价)，2009(Z1).

[144]　苏君阳. 论大学治理权力结构的基本类型 [J]. 江苏高教，2007(4).

[145]　苏守波，康兆庆. 利益相关者视角下的大学内部治理结构研究 [J]. 黑龙江高教研究，2009(12).

[146]　苏永建. 高等教育质量保障的历史演进、全球扩散与发展趋势 [J]. 高等教育研究，2017(12).

[147]　孙天华. 大学治理结构中的委托代理问题——当前中国公立大学委托代理关系若干特点分析 [J]. 北京大学教育评论，2004(4).

[148]　孙二军. 美国本科教育质量评估的"学生转向"及启示 [J]. 江苏高教，2016(1).

[149] 孙家明，赵三银．论高校本科教学质量监控体系 [J]．教育理论与实践，2014(6).

[150] 宋鸿雁．我国高校内部教学质量保障问题探析 [J]．江苏高教，2013(2).

[151] 宋佳．英国质量改进导向的院校评估理念与实践：以苏格兰为例 [J]．高教探索，2021(2).

[152] 宋欣雄．高等教育质量文化：独特性与解释力 [J]．教育学术月刊，2022(11).

[153] 申天恩，勾维民．普通高等学校本科教学工作审核评估展思 [J]．高教发展与评估，2014(4).

[154] 申天恩，Richard Morris．高校内部质量保障体系建设国际比较与建设框架 [J]．高校教育管理，2015(1).

[155] 史秋衡，王爱萍．高等教育质量观：从认识论向价值论转变 [J]．厦门大学学报（哲学社会科学版），2010(2).

[156] 史秋衡，刘丽丽．认同危机：我国高等教育质量管理的隐忧 [J]．中国高等教育，2007(24).

[157] 眭依凡．论大学的善治 [J]．江苏高教，2014(6).

[158] 石邦宏，等．我国高等教育质量管理趋势分析 [J]．清华大学教育研究，2008(12).

[159] 邵晓风，廖其发．"以学生为本"教育理念内涵的解读 [J]．中国教育学刊，2006(3).

[160] 邵婧怡．管办评分离背景下高校内外部质量保障体系实施路径探析 [J]．高教论坛，2018(7).

[161] 唐汉琦．论大学战略规划与共同治理 [J]．现代教育管理，2016(7).

[162] 唐德玲，等．完善教学质量保障系统 促进教学质量不断提高 [J]．清华大学教育研究，2001(4).

[163] 汤俊雅．我国一流大学本科教学改革与建设实践动向 [J]．中国高教研究，2016(7).

[164] 王春梅.西方发达国家政府职能的变革及其启示[J].理论学刊，2007(2).

[165] 王春梅.权力视野中政府与大学的关系研究——基于南方科技大学的案例[J].复旦教育论坛，2012(3).

[166] 王清和，邹晓红.高校内部治理结构研究[J].社会科学战线，2012(12).

[167] 王战军，肖红缨.大数据背景下的院系治理现代化[J].高等教育研究，2016(3).

[168] 王战军.什么是研究型大学——中国研究型大学建设基本问题研究（一）[J].学位与研究生教育，2003(1).

[169] 王保星.质量文化与学生参与：新世纪十年英国大学教育质量保障的新思维[J].杭州师范大学学报（社会科学版），2012（1）.

[170] 王明国.国际制度有效性：研究现状、路径方法与理论批评[J].国际政治经济评论，2011(2).

[171] 王纾.研究型大学学生学习性投入对学习收获的影响机制研究——基于2009年"中国大学生学情调查"的数据分析[J].清华教育研究，2011(4).

[172] 王建华.重思大学的治理[J].高等教育研究，2015(10).

[173] 王永斌，蔡中宏，杨宗仁.构建校内教学质量保障评价体系的研究——教师教学绩效评价标准[J].高等理科教育，2004(4).

[174] 王迎军.问题、变革与展望——研究型大学本科教学质量保证研究[J].高等工程教育研究，2008(5).

[175] 王身余.从"影响"、"参与"到"共同治理"——利益相关者理论发展的历史跨越及其启示[J].湘潭大学学报（哲学社会科学版），2008(6).

[176] 王正绪，苏世军.亚太六国国民对政府绩效的满意度[J].经济社会体制比较，2011(1).

[177] 王关义，赵贤淑.关于构建高校教学质量保障体系与实施系统的思考[J].国家行政学院学报，2015(2).

[178] 汪雅霜，杨晓江.英国高等教育质量审计制度的演变[J].大学(学术版)，2010(10).

[179] 吴畏.善治的三维定位[J].华中科技大学学报（社会科学版），2015(2).

[180] 魏红，钟秉林.我国高校内部质量保障体系的现状分析与未来展望——基于96所高校内部质量保障体系文本的研究[J].高等工程教育研究，2009(6).

[181] 吴岩.高等教育公共治理与"五位一体"评估制度创新[J].中国高教研究，2014(12).

[182] 吴开俊，王一博.以"共治"促"自律"：研究生教育质量保障的路径选择[J].学位与研究生教育，2011(9).

[183] 邬大光.高等教育：质量、质量保障与质量文化[J].中国高教研究，2022(9).

[184] 熊庆年，代林利.大学治理结构的历史演进与文化变异[J].高教探索，2006(1).

[185] 熊志翔.大学内部质量保障机制的偏差与调适[J].佛山科学技术学院学报（社会科学版），2012(6).

[186] 谢艳娟.学术资本主义与大学治理结构变革[J].现代教育管理，2014(6).

[187] 许杰.重构"市场取向大学自主"的理论根基：由新公共管理走向治理[J].江苏高教，2007(3).

[188] 许美德.美国的学院朝大学的过渡——美国高等教育发展史研究札记[J].外国教育资料，1983(6).

[189] 许晓东，王乘.研究型大学本科教学质量保证体系探索[J].高等工程教育研究，2006(6).

[190] 许晓东，赵幸."双一流"建设背景下我国高等教育质量保障的反思与重构[J].高等教育研究，2018(9).

[191] 许晓东，阎峻，卞良.共治视角下的学术治理体系构建[J].高等教育研究，2016(9).

[192] 徐玉玲，刘达玉，胡一冰，刘涛.质量管理视角下的高等教育教学质量保障体系构建研究[J].教育与教学研究，2017(5).

[193] 许祥云.高校内部本科教学质量标准：概念界定与体系构建[J].清华大学教育研究，2018(3).

[194] 杨彩霞，邹晓东.以学生为中心的高校教学质量保障：理念建构与改进策略[J].教育发展研究，2015(3).

[195] 杨彩霞.学生全面参与高校内部教学质量保障的探讨[J].教育与职业，2014(32).

[196] 杨继霞.英国高等教育质量保障体系的发展历程及思考[J].国家教育行政学院学报，2005(8).

[197] 杨秀文，范文曜.法国高等教育评估和大学拨款[J].世界教育信息，2004(3).

[198] 严新平.对英国高等教育质量保证体系的认识[J].高教发展与评估，2005(1).

[199] 严鸿雁.美国高等教育内部问责考察及对我国的启示[J].高教探索，2017(4).

[200] 姚云，王鱼琼.当代英国高等教育评估历史与制度[J].大学（学术版），2011(8).

[201] 袁益民.学生参与教育质量保障的现状分析与政策建议[J].高教发展与评估，2008(6).

[202] 喻恺，吴雪.学生体验：英国高等教育质量保障体系的新内容[J].中国高教研究，2009(5).

[203] 俞可平."全球治理引论"[J].政治学研究，2002(2).

[204] 俞可平.治理和善治：一种新的政治分析框架[J].南京社会科学，2001(9).

[205] 于杨.大学治理结构与教育质量保障机制关系探析[J].江苏高教，2012(1).

[206] 余承海，曹安照.论高校教学质量的文化保障 [J].江苏高教，2014(1).

[207] 张应强.中国特色、世界一流大学的发展模式和时代使命 [J].清华大学教育研究，2022(4).

[208] 张应强，苏永建.高等教育质量保障：反思、批判与变革 [J].教育研究，2014(5).

[209] 张应强.高等教育质量建设：创新体制机制与培育质量文化 [J].江苏高教，2017(1).

[210] 张红霞，施悦琪.聚焦"科教融合"："双一流"大学本科教育评估的应有之策 [J].江苏高教，2021(6).

[211] 张海钟.论高等学校教学质量及其评价 [J].西北师大学报（社会科学版），2004(4).

[212] 张珊珊.英国高校质量文化与内部质量保障机制研究——以伦敦大学学院（UCL）为例 [J].教育与考试，2013(1).

[213] 张学敏，贺能坤.本科教学评估指标"教学经费"构成研究 [J].中国大学教学，2007(11).

[214] 张宝昌，刘钢，王新民.高校内部教学质量保障体系建设成熟度评价研究 [J].现代教育科学，2018(2).

[215] 张圆圆，孙炘.英国高等教育质量保障署评估新动态及其启示 [J].中国大学教学，2012(11).

[216] 张地珂.美国"双轨制"高等教育质量保障体系构建及启示——从教育治理的视角 [J].湖北社会科学，2016(2).

[217] 张继平.法国高等教育评估模式的发展及特点 [J].大学（学术版），2010(3).

[218] 张德祥.市场经济体制下"政府、市场、大学"新型关系的研究总结报告 [J].辽宁教育研究，2004(10).

[219] 张震，乔美丽，高媛.英国高等教育评估与质量保证体系及启示 [J].郑州大学学报（哲学社会科学版），2006(4).

[220] 张茂聪.强化教学质量管理 构建大学内部教学质量保障体系 [J]. 山东高等教育，2015(7).

[221] 张俊超.本科教育变革与大学生学校效果测评 [J]. 中国高等教育，2013(11).

[222] 张安富.本科教学工作审核评估的再认识及持续改进 [J]. 高教发展与评估，2018(3).

[223] 张国琛，彭绪梅，刘俊鹏.构建以自我评估为核心的高校内部教学质量监控与保障体系的实践探索——以大连海洋大学为例 [J]. 中国高等教育评估，2016(3).

[224] 赵成，陈通.现代大学治理结构解析 [J]. 天津大学学报（社会科学版），2005(6).

[225] 赵立莹.有效性诉求：美国教育评估研究发展的内在动力 [J]. 大学（研究与评价），2009(1).

[226] 赵立莹，刘献君.本科教学评估：理性反思与现实选择 [J]. 中国高教研究，2008(10).

[227] 赵叶珠.学生参与：欧洲高等教育质量保障中的新维度 [J]. 复旦教育论坛，2011(1).

[228] 赵幸，崔波.高校本科教学质量保障治理的逻辑基础与实现路径 [J]. 上海教育评估研究，2022(2).

[229] 赵幸.制度性大学的历史发展度我国创建世界一流大学的启示 [J]. 现代教育管理，2017(12).

[230] 赵军，胡剑波，杨健康.我国高校教学质量保障体系若干问题的研究 [J]. 湖南大学学报（社会科学版），2002(5).

[231] 赵婷婷.大学质量文化：从合格质量转向创新质量 [J]. 教育研究，2023(4).

[232] 周光礼.高等教育质量评估体系的有效性：中国的问题与对策 [J]. 复旦教育论坛，2012(2).

[233] 周光礼.超越问责逻辑,建立大学内部质量评估体系[J].大学教育科学,2012(4).

[234] 周叶中.人才培养为本 本科教育是根——关于研究型大学本科教育改革的思考[J].中国大学教学,2015(7).

[235] 周继良.法国大学内部治理结构:历史嬗变与价值追求——基于中世纪与2013年的分析[J].教育研究,2015(3).

[236] 周雪竹,李兆荣.高校教学经费管理问题研究[J].武汉理工大学学报(社会科学版),2004(12).

[237] 朱家德.大学有效治理:西方经验及其启示[J].高等教育研究,2013(6).

[238] 朱永江.利益相关者视阈下的高校教学质量保障机制的构建[J].教育学术月刊,2011(8).

[239] 朱海珅,韩泽林.利益相关者理论下的大学内部治理研究[J].内蒙古师范大学学报(教育科学版),2013(5).

[240] 朱海燕,王琪.基于"以学生为中心"理念的高校教学质量保障体系构建研究[J].教育评论,2016(3).

[241] 朱炎军,夏人青.走向"内部改进"质量评估模式——美国高等教育质量评估的转变与启示[J].高校教育管理,2016(2).

[242] 朱守信,杨颉.高等教育质量管理的基本矛盾:成熟度评价视角[J].国家教育行政学院学报,2015(11).

[243] 朱国辉,谢安邦.英国高校内部教育质量保障体系的发展特征及启示——以牛津大学为例[J].教师教育研究,2011(2).

[244] 朱炎军.大学教学学术研究:缘起、进展及趋势[J].开放教育研究,2014(2).

[245] 朱家德.自治——问责:法国高等教育转型与质量保障体系的发展[J].中国高教研究,2012(4).

[246] 郑娜敏.英国高等教育质量保证体系的变革及其启示 [J]. 内蒙古大学学报（哲学社会科学版），2011(5).

[247] 邹永松，陈金江.问责制与大学内部教学质量保障体系构建 [J]. 高教发展与评估，2012(4).

[248] 邹晓东,韩旭,姚威.科教融合 :高校办学新常态[J].高等工程教育研究，2016(1).

[249] 宗晓华，吕林海，王运来，等."双一流"建设高校本科教育质量评价与排名 (2021 年)[J]. 江苏高教，2021(10).

5. 英文文献

[1] Al-Nakeeb A A R, Williams T, Hibberd P, et al. Measuring the Effectiveness of Quality Assurance Systems in the Construction Industry[J]. Property Management, 1998(4):223.

[2] Baker R L. Evaluating Quality and Effectiveness: Regional Accreditation Principles and Practices [J]. Journal of Academic Librarianship, 2002, 28(1):3-7.

[3] Boland J A. Student Participation in Shared Governance: A Means of Advancing Democratic Values? [J]. Tertiary Education and Management, 2005,11(3):199-217.

[4] Brownjr W O. Faculty Participation in University Governance and Effects on University Performance [J]. Journal of Economic Behavior & Organization, 2001,44(2): 129-143.

[5] Byrne M, Flood B. Assessing the Teaching Quality of Accounting Programmes: An Evaluation of the Course Experience Questionnaire [J]. Assessment & Evaluation in Higher Education, 2003, 28(2):135-145.

[6]   Beerkens M, Udam M. Stakeholders in Higher Education Quality Assurance: Richness in Diversity? [J]. Higher Education Policy, 2017:1-19.

[7]   Birnbaum R. The End of Shared Governance: Looking Ahead or Looking Back [J].New Direction for Higher Education, 2004(127):5-22.

[8]   Douglas J, Douglas A, Barnes B. Measuring Student Satisfaction at a UK University [J]. Quality Asuurance in Education, 2006, 14(3):234-243.

[9]   Donabedian A.The Effectiveness of Quality Assurance[J].Internal Journal for Quality in Health Care, 1996(4):401.

[10]   Dodds A. British and French Evaluation of International Higher Education Issues: An Identical Political Reality? [J]. European Journal of Education, 2005, 40(2): 155-172.

[11]   Gayle D J, Tewarie B, et al. Governance in the Twenty-First-Century University: Approaches to Effective Leadership and Strategic Management [M]. San Francisco: A Wiley Company, 2003.

[12]   Jansen E P W A. The Influence of the Curriculum Organization on Study Progress in Higher Education [J]. Higher Education, 2004, 47(4):411-435.

[13]   Kember D, Wong A. Implications for Evaluation from a Study of Students' Perceptions of Good and Poor Teaching [J]. Higher Education, 2000, 40(1):69-97.

[14]   Kis V. Quality Assurance in Tertiary Education: Current Practices in OECD Countries and a Literature Review on Potential Effects [J].[OECD], 2005:27.

[15]   Kezar A. What is More Important to Effective Governance: Relationships, Trust, and Leadership, or Structures and Formal Processes [J]. New Directions for Higher Education, 2004, 2004(127):35–46.

[16]   Kennedy K J. Higher Education Governance as a Key Policy Issues in the 21st Century [J]. Educational Research for Policy and Practice, 2003, 2(1):55-70.

[17]   Kells H R. Creating a Culture of Evaluation and Self-regulation in Higher Education Organizations [J]. Total Quality Management, 1995,6(5):457-468.

[18]   Lee Harvey. Critical social research: re-examining quality[J]. Quality in Higher Education, 2022 (2): 145-152.

[19]   Leisyte L, Westerheijden D F. Students as Stakeholders in Quality Assurance in Eight European Countries [J]. Quality of Higher Education, 2013 (10):12-27.

[20]   Lillis D. Systematically Evaluating the Effectiveness of Quality Assurance Programmes in Leading to Improvements in Institutional Performance [J]. Quality in Higher Education, 2012, 18(1):59-73.

[21]   Lizzio A, Wilson K. Student Participation in University Governance: the Role Conceptions and Sense of Efficacy of Student Representatives on Departmental Committees [J]. Studies in Higher Education, 2009(1):69-84.

[22]   Laughton D. Why Was the QAA Approach to Teaching Quality Assessment Rejected by Academics in UK HE?[J]. Assessment & evaluation in higher education, 2003, 28(3): 309-321.

[23]   The Stakeholder's Role in Institutional Governance [J]. European Journal of Education, 2000,35(4):439-448.

[24]   Nicholson K. Quality Assurance in Higher Education: a Review of the Literature [EB/OL].[2011-01-03].http://cll.mcmaster.ca/COU/pdf/ Quality%20Assurance%20Literature%20Review.pdf.

[25]   Parmar B L, Freeman R E, Harrison J S,et al. Stakeholder Theory: The State of the Art [J]. Academy of Management Annals, 2010,4 (1):403–445.

[26]   Pagani L, Seghieri C. A Statistical Analysis of Teaching Effectiveness from Students' Point of View [J]. Developments in Statistics, 2002, 17:197-208.

[27]   Roland T L. An Exploration of the Accreditation Self-Study Process from the Perspectives of Organizational Effectiveness [D].California: Pepperdine University, 2011.

[28] Sodhi R. Accrediting Processes and Institutional Effectiveness at a California Community College [D]. Minnesota: Walden University, 2016.

[29] Shah M. The Effectiveness of External Quality Audits: A Study of Australian Universities [J]. Quality in Higher Education, 2013, 19(3):358-375.

[30] Weusthof P J M. Internal Quality Assurance in Dutch Universities: an Empirical Analysis of Characteristics and Results of Self-evaluation [J]. Quality in Higher Education, 1995,1(3):235-248.

[31] Westerheijden D F , Stensaker B , Rosa M J . Quality Assurance in Higher Education :[M]. Springer, 2007:122.

6. 其他

[001] 联合国教科文组织 . 一起重新构想我们的未来 : 为教育打造新的社会契约 [R]. 北京 : 教育科学出版社，2023.

[002] 全球治理委员会 . 我们的全球伙伴关系 [R]. 伦敦 : 牛津大学出版社,1995.

[003] 习近平 . 高举中国特色社会主义伟大旗帜 为全面建设社会主义现代化国家而团结奋斗——在中国共产党第二十次全国代表大会上的报告 [EB/OL](2022-10-25)[2023-06-14].https://www.gov.cn/xinwen/2022-10/25/content_5721685.htm.

[004] 教育部 . 普通高等学校本科教育教学审核评估实施方案（2021-2025 年）[EB/OL]. (2021-02-03)[2023-06-04]. http://www.moe.gov.cn/srcsite/A11/s7057/202102/t20210205_512709.html?eqid=cf6f247b00022070000000003642e16eb.

[005] 袁贵仁 . 深化教育领域综合改革 加快推进教育治理体系和治理能力现代化——在 2014 年全国教育工作会议上的讲话 [EB/OL]. （2014-02-16）[2018-07-25].http://www.gov.cn/gzdt/2014-02/16/content_2605760.htm.

[006] 新华网 . 全国 137 所高校入选"双一流"建设名单 [N/OL]. 新京报，
       2017-09-22.

[007] 教育部 . 关于普通高等学校本科教学评估工作的意见 [Z]. 教高〔2011〕
       9 号 .

[008] 教育部 . 普通高等学校本科教学工作审核评估实施办法 [Z]. 教高
       〔2013〕10 号 .

[009] 中国社会科学院语言研究所词典编辑室编 . 现代汉语词典（第六版）
       [Z]. 北京：商务印书馆，2013.

[010] 赵琳 . 美国大学靠什么保障教学质量 [N]. 光明日报，2010(8).

附录　调查问卷

研究型大学本科教学质量保障有效性影响因素问卷调查

尊敬的老师，亲爱的同学：

您好！非常感谢您能够在百忙之中抽空参加此次问卷调查工作！

为了对"我国研究型大学本科教学质量保障有效性的影响因素"进行研究，我们组织了本次问卷调查工作。本次问卷调查采用匿名形式，对于您所填写的任何信息，我们都将严格保密。我们承诺，对于问卷调查结果仅为学术研究所用，不给您带来任何负面影响。请您根据实际情况和真实想法认真填写问卷内容。填写问卷大约需要花费您 15 分钟。

问卷总共有两部分，这两部分的问题均为单项选择题，请您在相应选项上打"√"。非常感谢您的支持与配合！

联系人：××　联系方式：××××

第一部分：基本信息

01. 您是

① 在校学生　　② 高校教师　　　③ 高校管理者

02. 您的性别是

① 男　　　　② 女

03. 您的年龄是

① 30 岁以下（含 30 岁）　　② 31~40 岁　　③ 41~50 岁　　④ 51~60 岁

⑤ 61 岁以上

04. 您所在学校所属地区为

①东部地区　　　　　②中部地区　　　　　　③西部地区

05 您的学科专业为

①文科　　② 理科　　③ 工科　　④ 医科　　　⑤其他

第二部分：有效性影响因素的重要程度判断

请您对"目标决策要素"中，影响教学质量保障有效性的各二级指标的重要程度做出判断						
二级指标	测量项目名称	1	2	3	4	5
办学定位	学校战略目标明确					
	学校办学特色鲜明					
	学校办学使命明确					
本科教学地位	学校把本科教学放在中心地位					
	校领导重视本科教学工作					
	学校师生员工对人才培养目标能形成一致共识					

1=非常不重要　　2=不太重要　　3=重要　　4=很重要　　5=非常重要

二级指标	测量项目名称	1	2	3	4	5
本科 教学经费	优先安排并保障本科教学经费					
	社会资源对本科教学工作的支持力 （如基金会、校友捐赠）					
教学 基础设施	教室空间及数量满足本科教学需求					
	实验室及其设备对本科生开放					
课程建设 与管理	课程结构配置合理					
	优质课程资源数量充足					
	教材建设与选择合理					
师资队伍建 设与管理	师资队伍结构合理（如不同学科/ 院系师资分布）					
	教师本科教学投入					
	正确处理教学与科研之间的关系					
	教师的专业水平与教学能力					
	师风师德建设					
文化环境 建设	校风与学风建设					
	质量文化建设（全校范围内形成重 视提高质量的文化氛围）					

请您对"资源支持要素"中，
影响教学质量保障有效性的各二级指标的重要程度做出判断

1= 非常不重要　　2= 不太重要　　3= 重要　　4= 很重要　　5= 非常重要

请您对"运行管理要素"中，影响教学质量保障有效性的各二级指标的重要程度做出判断						
二级指标	测量项目名称	1	2	3	4	5
课堂教学	师生对"教与学"的体验					
教学管理机构	明确教学质量保障体系的构成要素					
	教学管理机构之间的组织协调					
	设立专门的教学质量管理机构					
	学生发展与服务机构建设（如就业、资助、心理咨询以及创业机构）					
教学管理队伍	学生管理队伍建设					
	校院两级教学质量监控队伍建设					
院系主体地位	肯定院系在人才培养中的主体地位					
	肯定院系在教学质量管理与评价中的主体地位					
质量保障制度	教师教学工作考核政策					
	教师聘用政策与措施					
	学生服务政策与措施					
	制定教学管理文件					
	教学过程管理与监控（毕业环节、课堂教学）					
	教学资源配置与共享制度					
	本科教学状态数据库建设					
	建立本科教学环节的质量标准					
培养方案管理	人才培养方案的设置与修订					
人才培养模式	协同育人模式（校企合作）					
	拔尖创新人才培养模式					
质量监控与评价	建立校院两级教学质量监控					
	教学环节的质量监控与评价					
	教学质量评价（如自我评价、第三方评价）					
质量反馈与改进	肯定质量反馈与改进机制在质量保障中的主导作用					

1= 非常不重要　　2= 不太重要　　3= 重要　　4= 很重要　　5= 非常重要

	请您对"主体参与要素"中， 影响教学质量保障有效性的各二级指标的重要程度做出判断					
二级指标	测量项目名称	1	2	3	4	5
教师参与	教师参与教学质量监督与评价					
管理者参与	参与本科教学工作的政策制定					
	执行本科教学质量相关的政策与制度					
学生参与	明确学生参与本科教学监督与评价的渠道（如学生评教、座谈会）					

1=非常不重要　　2=不太重要　　3=重要　　4=很重要　　5=非常重要

	请您对"产出保障要素"中， 影响教学质量保障有效性的各二级指标的重要程度做出判断					
二级指标	测量项目名称	1	2	3	4	5
在校生 学习结果	在校生能力素养					
	在校生学业知识水平					
毕业生质量	毕业生满意度调查					
	毕业生就业质量调查					

1= 非常不重要　　2= 不太重要　　3= 重要　　4= 很重要　　5= 非常重要

研究型大学本科教学质量保障有效性研究问卷调查

尊敬的老师，亲爱的同学：

您好！非常感谢您能够在百忙之中抽空参加此次问卷调查工作！

为了对我国研究型大学本科教学质量保障的有效性进行研究，我们组织了本次问卷调查工作。本次问卷调查采用匿名形式，对于您所填写的任何信息，我们都将严格保密。我们承诺，对于问卷调查结果仅为学术研究所用，不给您带来任何负面影响。请您根据实际情况和真实想法认真填写问卷内容。

问卷总共有两部分，第一部分为基本信息调查；第二部分的问题均为单项选择题，请您在相应选项上打"√"。非常感谢您的支持与配合！

联系人：×× 联系方式：××××

第一部分：基本信息

01. 您的身份是

①在校学生 ② 高校教师 ③高校管理者（包括教辅人员）

02. 您的性别是

①男 ② 女

03. 您的年龄是

① 29 岁以下（含 29 岁） ② 30~39 岁 ③ 40~49 岁 ④ 50~59 岁 ⑤ 60 岁以上

04. 您的学历是

①本科以下 ②本科 ③硕士 ④博士

05. 您的职称是（请教师填写）

①初级 ②中级 ③副高级 ④正高级

06. 您的行政级别是（请管理者填写）

①科级以下（含科级） ②处级 ③厅级 ④厅级以上

07. 您对本科教学质量保障的了解程度

①很不了解 ②不太了解 ③一般 ④比较了解 ⑤非常了解

第二部分：本科教学质量保障有效性判断（填写说明：同意程度从 1~5 逐渐增强）

测量项目名称	1	2	3	4	5
1. 学校战略发展目标十分明确					
2. 学校办学使命十分明确					
3. 学校领导对本科教学工作的重视程度十分高					
4. 学校本科教学经费配置十分合理					
5. 学校教室资源利用率十分高					
6. 学校优质课程资源十分充足					
7. 学校师资队伍结构十分合理					
8. 教师本科教学投入程度十分高					
9. 学校教学质量管理机构十分健全					
10. 教师教学工作考核政策十分合理					
11. 本科教学管理文件制定十分合理					
12. 教学过程管理与监控十分合理					
13. 教学状态数据的利用程度十分高					
14. 教学质量标准的设置十分合理					
15. 校院两级质量监控体系十分健全					
16. 教学质量评价手段非常多样化					
17. 质量监控与反馈在质量保障中的主导作用十分显著					
18. 教师参与质量管理活动的程度十分高					
19. 管理者履行教育管理职责的程度十分高					
20. 在校生参与质量管理活动的渠道十分明确					
21. 在校生能力素养十分强					
22. 在校生学业知识十分扎实					
23. 毕业生就业质量（水平）十分高					
24. 毕业生的社会满意度十分高					

1= 非常不重要　　2= 不太重要　　3= 重要　　4= 很重要　　5= 非常重要